Schreiben üben!
ARABISCH

Das arabische Alphabet Schritt für Schritt
lernen und trainieren

Mit Audio-Download

von
Michaela Kleinhaus

Danke für Ihr Vertrauen!

Wir bei PONS sind der Überzeugung: Wer Sprachen spricht, dem steht die Welt offen. Aus diesem Grund entwickeln wir seit über 40 Jahren hochwertige Wörterbücher und Sprachlern-Produkte und entwerfen ständig neue didaktische Konzepte, um für alle Lernenden das Passende anbieten zu können.

Helfen Sie uns mit Ihrem Feedback!

Sind Sie mit diesem Buch zufrieden?

Dann freuen wir uns über Ihre **Weiterempfehlung**. Erzählen Sie es Ihrem Freundeskreis, der Buchhandlung Ihres Vertrauens oder schreiben Sie eine **Online-Rezension** und helfen Sie uns, dieses Buch anderen näher zu bringen.

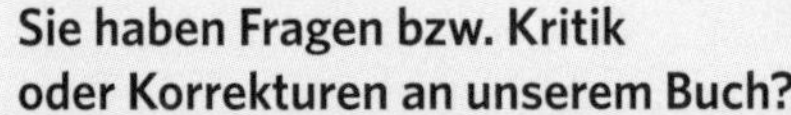

Sie haben Fragen bzw. Kritik oder Korrekturen an unserem Buch?

Wir freuen uns über Ihre Anregungen. Schreiben Sie uns eine Nachricht auf **www.pons.de/kontakt**.

Ihr Feedback hilft uns, unsere Produkte immer weiter zu verbessern.

Herzlichen Dank für Ihre Unterstützung und viel Spaß & Erfolg beim Sprachenlernen.

Ihre PONS-Redaktion

Zu diesem Buch

Die arabische Schrift ist eine Alphabetschrift und mit ihren nur 28 Buchstaben nicht schwer zu erlernen, da sich die Grundformen der Buchstaben wiederholen.

Am Anfang werden die langen Vokale und die Vokalzeichen behandelt, um damit die anderen Buchstaben üben zu können.

Dann werden die Buchstaben systematisch nach Grundformen eingeführt.

Aufbau der Lernabschnitte

- **Einführung** der einzelnen Buchstabenformen. Dabei zeigen Pfeile und, falls nötig, Zahlen an, in welcher Richtung oder Reihenfolge die Linien und Formen geschrieben werden.
- **Leseübung** mit einer Auswahl von Wörtern, die mit diesen Buchstaben geschrieben werden. Als Kontrolle stehen die zu lesenden Wörter in der wissenschaftlichen Umschrift darunter.
- **Nachschreibeübung** mit einer Auswahl der Wörter.
- **Schreibübung.** Isolierte Buchstaben müssen in der richtigen Form zu einem Wort zusammengefügt werden.
- **Vokabel- und Buchstabenübung**: Zu einer deutschen Vokabel muss die arabische Übersetzung aus einer Box mit verschiedenen Buchstabenformen zusammengesetzt werden.
- **Lückenübung**: Die neu erlernten Buchstaben müssen in Lücken eingesetzt werden.

Die Abschnitte dieses Buches bauen aufeinander auf. In jedem Abschnitt werden zwei oder drei neue Buchstaben vorgestellt und dann mit Wörtern aus den bis dahin bekannten Buchstaben geübt.

Nach der Präsentation der Buchstaben stellen wir Ihnen zusätzliche Zeichen vor, die für das Lesen erforderlich sind. Zudem lernen Sie die sogenannten **indischen Ziffern**.

Ab Seite 87 finden Sie **Lernkärtchen** zum Ausschneiden mit den Buchstaben in all ihren Formen und einigen Wörtern, um entspannt wiederholen zu können - wo immer Sie wollen.

Ergänzend finden Sie im Buch Informationen zur arabischen Sprache, zu den Ursprüngen der arabischen Schrift, zur Handschrift und zum Schreiben des Arabischen in digitalen Medien.

TR. X

Alle arabischen Wörter, die Sie in diesem Buch lernen, können Sie auch anhören. Auf **www.pons.de/schreiben-ueben-arabisch** finden Sie alle Tracks, auf die Sie im Buch mit der Tracknummer hingewiesen werden.

Viel Erfolg!

Die Entwicklung der arabischen Schrift

Die arabische Schrift geht auf eine späte Form der nabatäischen Schrift zurück, die sich auf der Basis der westaramäischen Schrift im 2. Jh. v. Chr. entwickelt hatte und von der man in Petra und im Wadi Rum noch Fragmente findet. Wie auch ihre Vorgängerschriften war diese Schrift bereits linksläufig, in ihrer späten Form kannte sie zudem schon Ligaturen (▶ S. 77) und unterschiedliche Varianten eines Buchstabens je nach Position im Wort.

Ausgehend von dieser Schrift entwickelte sich ab dem vierten Jh. n. Chr. im Nordwesten Großsyriens die arabische Schrift, die später auf die arabische Halbinsel gelangte. Ab dem 7. Jahrhundert wurde diese Schrift für die Aufzeichnung der islamischen Offenbarung verwendet.

18 Grundformen bilden die Basis dieses Alphabets aus Konsonanten, das im Lauf des folgenden Jahrhunderts (v.a. durch unterschiedliche Punktierung dieser Schriftzüge) auf 28 Buchstaben erweitert wurde, um auch die anderen Konsonanten der arabischen Sprache grafisch eindeutig notieren zu können.

Grundformen	أ ب ج د ه و ز ح ط ي ك ل م ن س ع ف ص
Erweiterte Formen	ق ر ش ت ث خ ذ ض ظ غ

Diese Reihenfolge des arabischen Alphabets, in der erst die Grundformen und im Anschluss die neuen Buchstaben aufgeführt werden, wird heutzutage v.a. für Aufzählungen verwendet, vergleichbar den römischen Ziffern, die man in den westlichen Sprachen oft bei Aufzählungen benutzt.

Eine neuere Reihenfolge, die die Buchstaben nach dem Schriftzug sortierte und in Gruppen zusammenfasste, entstand im 8. Jahrhundert. Nach dieser Reihenfolge sind z.B. Wörterbücher geordnet, und man verwendet sie beim Erlernen des Alphabets.

Ab dem Ende des siebten Jahrhunderts wurden die in Ansätzen vorhandenen Hilfszeichen wie die Vokalzeichen zur Markierung der kurzen Vokale systematisiert, denn mit der schriftlichen Fixierung der Offenbarung ergab sich die Notwendigkeit, die Lesung eines Textes eindeutig festlegen zu können.

Zudem verdrängte das Arabische mit der Ausbreitung des arabischen Reiches das Aramäische als Kultur- und Verwaltungssprache der östlichen Mittelmeerregion, was ebenfalls eine Vereinheitlichung der Sprache und Schrift nötig machte.

Mit der Sprache verbreitete sich auch die arabische Schrift, die dann für andere Sprachen wie z.B. Persisch oder Türkisch adaptiert wurde.

▶ Gerhard Endress: „Herkunft und Entwicklung der arabischen Schrift“, in: Wolfdietrich Fischer (Hg.): *Grundriss der arabischen Philologie*. Band 1. Sprachwissenschaft. S. 165-197.

Wie in einem arabischen Buch startet diese Tabelle auf der rechten Seite. →

Buchstabenname		Endform	Mittelform	Anfangsform	Umschrift	Isolierte Form
ṣād	صاد	ـص	ـصـ	صـ	ṣ	ص
ḍād	ضاد	ـض	ـضـ	ضـ	ḍ	ض
ṭāʾ	طاء	ـط	ـطـ	طـ	ṭ	ط
ẓāʾ	ظاء	ـظ	ـظـ	ظـ	ẓ	ظ
ʿayn	عَيْن	ـع	ـعـ	عـ	ʿ	ع
ġayn	غَيْن	ـغ	ـغـ	غـ	ġ	غ
fāʾ	فاء	ـف	ـفـ	فـ	f	ف
qāf	قاف	ـق	ـقـ	قـ	q	ق
kāf	كاف	ـك	ـكـ	كـ	k	ك
lām	لام	ـل	ـلـ	لـ	l	ل
mīm	ميم	ـم	ـمـ	مـ	m	م
nūn	نون	ـن	ـنـ	نـ	n	ن
hāʾ	هاء	ـه	ـهـ	هـ	h	ه
wāw	واو	ـو	ـو	و	w/ū	و*
yāʾ	ياء	ـي	ـيـ	يـ	y/ī	ي

*Die Buchstaben mit Sternchen können nicht nach links verbunden werden.

Das arabische Alphabet

Start der Tabelle ←

TR. 1

Umschrift/Name		Endform	Mittelform	Anfangsform	Umschrift	Isolierte Form
ʾalif	ألِف	ـا	ـا	ا	ʾ/ā	أ/ا*
bāʾ	باء	ـب	ـبـ	بـ	b	ب
tāʾ	تاء	ـت	ـتـ	تـ	t	ت
ṯāʾ	ثاء	ـث	ـثـ	ثـ	ṯ	ث
ǧīm	جيم	ـج	ـجـ	جـ	ǧ	ج
ḥāʾ	حاء	ـح	ـحـ	حـ	ḥ	ح
ḫāʾ	خاء	ـخ	ـخـ	خـ	ḫ	خ
dāl	دال	ـد	ـد	د	d	د*
ḏāl	ذال	ـذ	ـذ	ذ	ḏ	ذ*
rāʾ	راء	ـر	ـر	ر	r	ر*
zāy	زاي	ـز	ـز	ز	z	ز*
sīn	سين	ـس	ـسـ	سـ	s	س
šīn	شين	ـش	ـشـ	شـ	š	ش

Zur Umschrift der arabischen Buchstaben

Alle arabischen Buchstaben und Wörter werden in diesem Buch auch in einer wissenschaftlichen Umschrift mit lateinischen Buchstaben angegeben.

In dieser Umschrift verwendet man für einige arabische Laute Sonderzeichen, da sie im lateinischen Alphabet sonst nicht dargestellt werden können.

Diese Sonderzeichen bestehen aus Strichen, Häkchen oder Punkten, die auf oder unter die Buchstaben gesetzt werden.

Ein **Strich** auf einem Buchstaben kommt nur bei den Vokalen vor und bezeichnet eine Längung des Vokals, wie bei den folgenden Wörtern:

bāb	Tür	nūr	Licht	sarīr	Bett

Diphthonge wie au oder ai/ei werden als aw bzw. ay umschrieben, um die arabische Schreibung mit wāw oder yāʾ zu verdeutlichen.:

yawm	Tag	bayt	Haus	Bāyrūt	Beirut

Ein **Punkt unter** dem Buchstaben bedeutet bei einigen Buchstaben, dass diese dumpfer (emphatisch) gesprochen werden, beim ha-Laut zeigt er an, dass dieser stärker gehaucht wird als das deutsche h:

ṣāḥib	Freund	ṭaqs	Wetter	ḥubb	Liebe

Ein **Strich unter** dem Buchstaben markiert die beiden th-Laute (stimmhaft und stimmlos):

iṯnān	zwei	hāḏa	dieser

Ein **Häkchen auf** dem Buchstaben markiert den sch-Laut bzw. den dsch-Laut, ein **Häkchen darunter** einen aspirierten Reibelaut wie in a**ch**:

ǧār	Nachbar	šābb	junger Mann	aḫ	Bruder

Die beiden **hochgestelllten** Zeichen stehen für den Glottisschlag (das Schließen und Öffnen der Stimmritze vor oder nach einem Vokal) und den Kehllaut ʿayn.

raʾs	Kopf	ʿayn	Auge

Die übrigen Zeichen finden Sie bei den jeweiligen Buchstaben mit Erklärungen zur Aussprache.

Einführung in die arabische Schrift

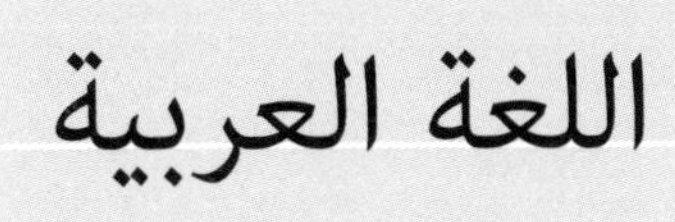

Die arabische Schrift wird von rechts nach links geschrieben. Sie ist eine **Kursivschrift**, das heißt, dass man die Buchstaben miteinander verbindet. Die Buchstaben werden mehr oder weniger unterschiedlich geschrieben, je nachdem, ob sie am Anfang, in der Mitte oder am Ende eines Wortes oder allein stehen. Vergleichen Sie z.B. die folgenden Formen:

	Endform	Mittelform	Anfangsform	Isolierte Form
bāʾ	ـب	ـبـ	بـ	ب
ġayn	ـغ	ـغـ	غـ	غ
hāʾ	ـه	ـهـ	هـ	ه

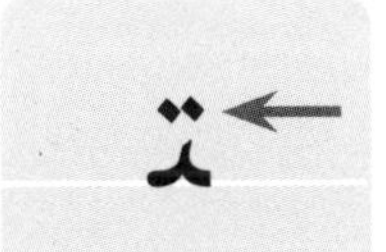

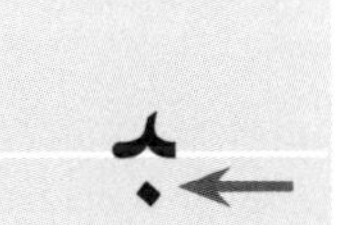

Die gleiche Grundform wird für verschiedene Buchstaben verwendet. Unterscheidungsmerkmale bei gleicher Form sind die **Zahl und die Position der Punkte**.

Sechs der insgesamt 28 Buchstaben (ا د ذ ر ز و) lassen sich nicht mit dem folgenden Buchstaben verbinden, sodass eine kleine Lücke im Wort entsteht. Daran können Sie diese Buchstaben gut erkennen.

d 'rābsch schrft 'st gār ncht s schwīrg
(Die arabische Schrift ist gar nicht so schwierig.)

In der arabischen Schrift werden nur die **langen Vokale** geschrieben, sie sind selbständige Buchstaben (▶ S. 11).

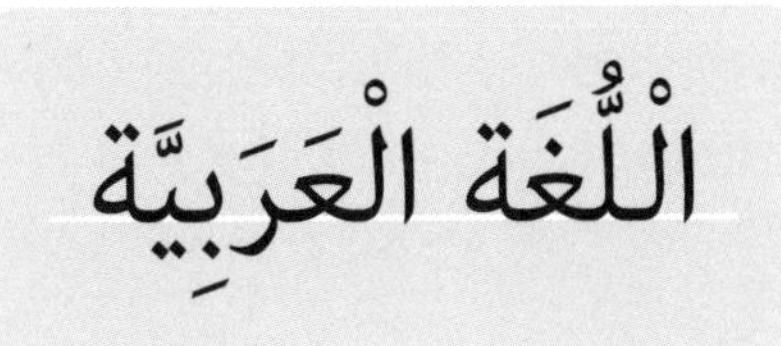

Die **kurzen Vokale** (▶ S. 10) werden in der Regel nicht geschrieben. Man kann sie aber als Zusatzzeichen auf bzw. unter die Buchstaben setzen, wenn man den zu sprechenden Vokal eindeutig festlegen will, z. B. in Kinder- und Schulbüchern, in Gedichten und im Koran.

Die Vokalzeichen

Die Vokalzeichen setzt man als Lesehilfe auf oder unter die Buchstaben, um zu zeigen, ob und welcher Vokal auf den Buchstaben folgt. Folgende Vokalzeichen gibt es:

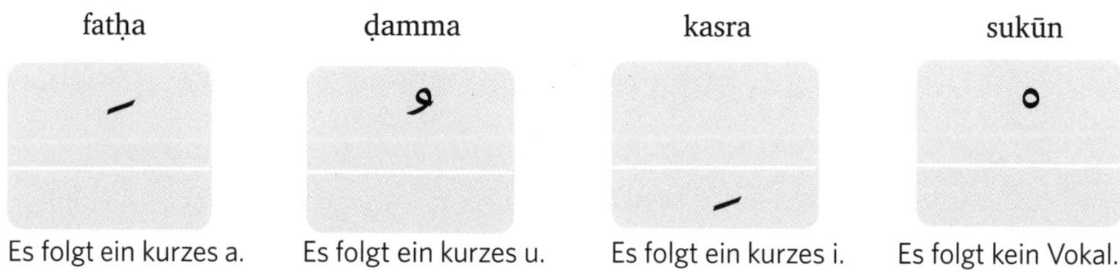

Es folgt ein kurzes a. Es folgt ein kurzes u. Es folgt ein kurzes i. Es folgt kein Vokal.

Das Zeichen **šadda** (ّ) ist kein Vokalzeichen, sondern zeigt die Verdoppelung oder Verstärkung des Konsonanten, auf dem es steht. Es kann mit den Vokalzeichen kombiniert werden. Schreiben Sie das šadda von rechts nach links!

unvokalisiert mit folgendem a mit folgendem u mit folgendem i

Aber aufgepasst! Wird das šadda mit i vokalisiert, steht das Vokalzeichen nicht unter dem Buchstaben, sondern unter dem šadda.

Es gibt also nur **drei Vokale** im Arabischen, a, i und u. Diese gibt es als kurze und als lange Vokale (▶ S. 11/12). Dazu kommen die Diphthonge aw und ay (gesprochen au und ai), die eine Kombination aus Fatha (َ) und wāw oder yā sind.

In der Aussprache der Vokale gibt es eine gewisse Bandbreite; ein a kann z.B. je nach Dialekt mehr oder weniger als ä gesprochen werden, ein u klingt nach einem dumpfen Konsonanten eher wie o, und ein i kann auch einmal nach einem e klingen.

Zu Missverständnissen kommt es dadurch nicht, denn es gibt nur diese drei Vokale.

Die Vokalisierung der **grammatischen Endungen** wird am Ende des Buches kurz dargestellt (▶ S. 85).

Die Buchstaben ʾalif wāw yāʾ

ي و أ ا

y/ ī w/ū ʾ/ā

Jeder dieser drei Buchstaben hat zwei mögliche Funktionen: die eines Konsonanten und die eines langen Vokals.

Aussprache
ā langes a wie in N**a**se
Stimmeinsatz zum Vokal wie in be'enden

ʾAlif ا أ

Das Alif hat zwei Funktionen:

1. Es steht für ein langes ā.
2. Es dient als Trägerbuchstabe für ein kleines Zeichen, das Hamza (ء), das den Stimmeinsatz zu einem Vokal bezeichnet (s.u.).

Für diesen Stimmeinsatz oder -absatz gibt es im lateinischen Alphabet kein Zeichen.

Das Alif ist ein senkrechter Strich, der sich nicht nach links verbinden lässt.

Man schreibt ihn je nach Form von oben nach unten oder von unten nach oben.

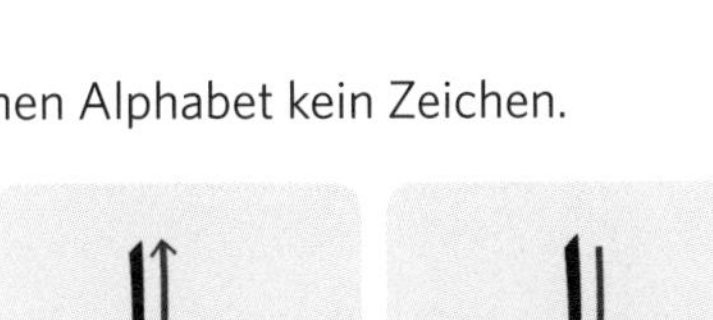

Das Hamza ء

Das Hamza bezeichnet einen Stimmeinsatz zu einem Vokal oder einen Stimmabsatz nach einem Vokal. Ein solcher Stimmeinsatz wird im Deutschen im Schriftbild nicht notiert. In der Umschrift wird das Hamza mit dem Zeichen ʾ markiert.

Vergleichen Sie zum Beispiel zwischen den Wörtern *Versende!* (Schicke!) und *Versende* (das Ende eines Verses). Im zweiten Fall müsste man im Arabischen ein Hamza als Zeichen für den Stimmabsatz setzen: *Vers*ء*ende* (*Versʾende*).

Ein Hamza kann am Anfang, im Innern und am Ende eines Wortes stehen. Es steht meistens auf einem Trägerbuchstaben. Am Anfang eines Wortes steht es immer auf bzw. unter dem Alif (zu den anderen Trägerbuchstaben ▶ S. 63).

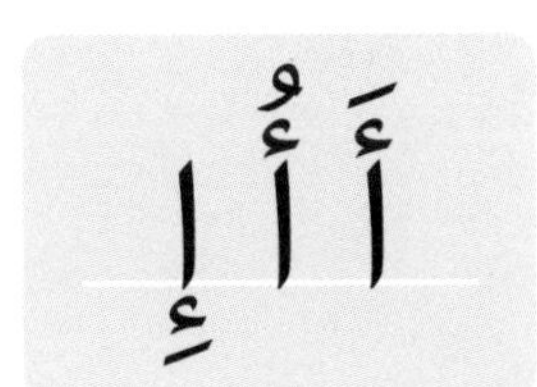

Man kann das Hamza wie jeden anderen Konsonanten mit einem Vokalzeichen versehen, damit man weiß, ob man mit der Stimme zu einem a, einem i oder einem u einsetzt oder ob es für einen Stimmabsatz nach einem Vokal steht.

Bei den folgenden Personennamen finden Sie das Hamza am Anfang, im Innern und am Ende eines Wortes. Der Stimmabsatz kann einen Vokal einleiten oder ihn (wie bei den beiden letzten Namen) abschließen: **ʾAḥmad, Luʾay, Rāʾid, Raʾfat, Ḥasnāʾ**

Wāw و

Aussprache
w wie in englisch **wh**at
ū langes **u** wie in n**u**r

Das **wāw** hat zwei Funktionen:

1. Es steht für ein w.
2. Es steht für ein langes **ū**.

Beginnt ein arabisches Wort mit einem **wāw**, wird **wāw** immer als Konsonant w gesprochen.

Dieser Buchstabe lässt sich nicht nach links verbinden. Kommt man von rechts, geht man mit der Linie direkt in den Kopf des **wāw** über.

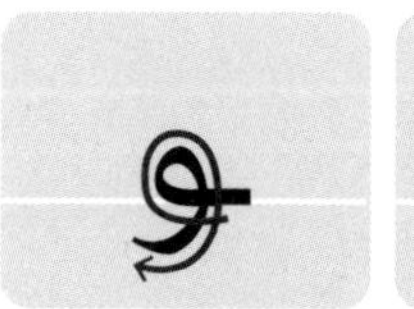

Yāʾ ي

Aussprache
y wie in **Y**acht
ī langes **i** wie in m**i**r

Das **yāʾ** hat zwei Funktionen:

1. Es steht für ein y.
2. Es steht für ein langes **i**.

Beginnt ein arabisches Wort mit einem **yāʾ**, wird **yāʾ** immer als y/j gesprochen.

Dieser Buchstabe lässt sich nach beiden Seiten verbinden.

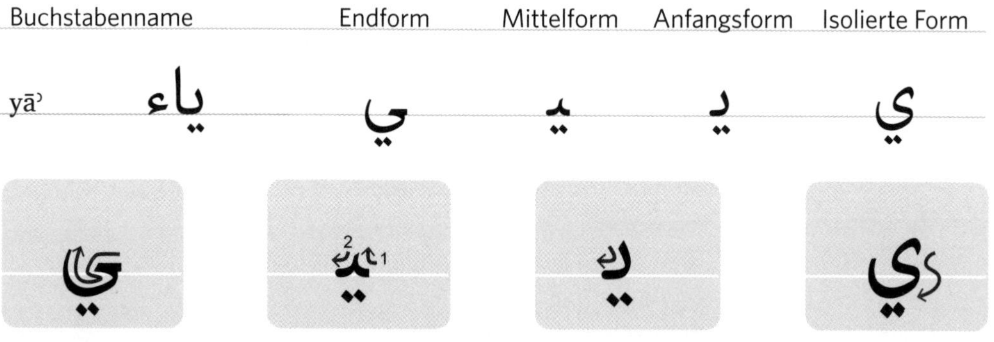

Buchstabenname		Endform	Mittelform	Anfangsform	Isolierte Form
yāʾ	ياء	ـي	ـيـ	يـ	ي

Schreiben Sie die verschiedenen Buchstabenformen einige Male nach.

Die Buchstaben bāʾ tāʾ ṯāʾ

Die Buchstaben dieses Typs sind sehr flach und unterscheiden sich nur durch Zahl und Position der Punkte.

Aussprache
b wie in **b**aden
t wie in **t**anzen
ṯ wie stimmhaftes th in englisch **th**ink

Buchstabenname		Endform	Mittelform	Anfangsform	Isolierte Form
bāʾ	باء	ـب	ـبـ	بـ	ب
tāʾ	تاء	ـت	ـتـ	تـ	ت
ṯāʾ	ثاء	ـث	ـثـ	ثـ	ث

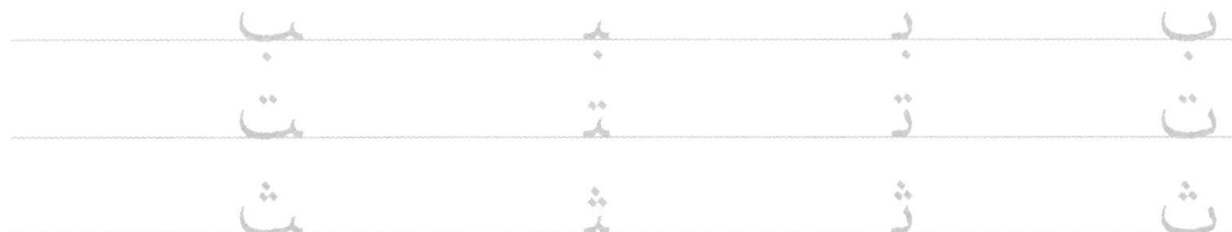

Schreiben Sie die verschiedenen Buchstabenformen einige Male nach.

ـب	ـبـ	بـ	ب
ـت	ـتـ	تـ	ت
ـث	ـثـ	ثـ	ث

Ein kleiner Satz wird Ihnen helfen, sich diese Buchstaben zu merken:

ba **b**elow (der Punkt ist unter dem Buchstabenbogen)
ta **t**wo (zwei Punkte stehen auf dem Bogen)
tha **th**ree (drei Punkte stehen auf dem Bogen)

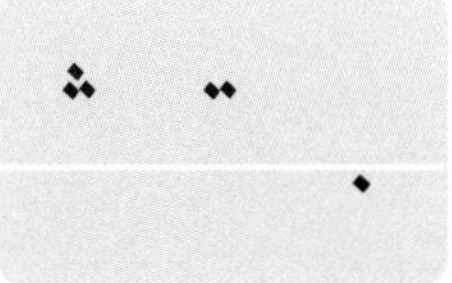

Schreiben Sie die folgenden Silben nach.

Buchstaben mit folgendem langen Vokal				Buchstaben mit Vokalzeichen			
با	bā	با	با	بَ	ba	بَ	بَ
بو	bū	بو	بو	بُ	bu	بُ	بُ
بي	bī	بي	بي	بِ	bi	بِ	بِ
تا	tā	تا	تا	تَ	ta	تَ	تَ
تو	tū	تو	تو	تُ	tu	تُ	تُ
تي	tī	تي	تي	تِ	ti	تِ	تِ
ثا	ṯā	ثا	ثا	ثَ	ṯa	ثَ	ثَ
ثو	ṯū	ثو	ثو	ثُ	ṯu	ثُ	ثُ
ثي	ṯī	ثي	ثي	ثِ	ṯi	ثِ	ثِ

Denken Sie daran, die Striche für die kurzen Vokale a und i etwas schräg zu schreiben.

Buchstaben mit Vokalzeichen **und** langen Vokalen: Schreiben Sie nach!

بَوْ	baw	بَوْ	بَوْ	بَوْ
بَيْ	bay	بَيْ	بَيْ	بَيْ

Steht auf dem Buchstaben ein kurzes a und folgt darauf ein **wāw** oder ein **yāʾ**, das mit einem **Sukūn** (dem Zeichen für Vokallosigkeit) vokalisiert ist, spricht man au, bzw. ai.

In der Umschrift wird diese Zeichenfolge mit **baw** bzw. **bay** umschrieben, um zu zeigen, dass man für diese Diphtonge die beiden Buchstaben و und ي verwendet.

Lesen Sie die folgenden Wörter.

TR. 2

und	وَ	Vater	أَب
oder	أَوْ	Oh (*Anredepartikel*)	يا
welche/r/s (*Fragewort*)	أَيّ	Oh Vater	يا أَب

und	wa	Vater	ʾab
oder	ʾaw	oh (*Anredepartikel*)	yā
welcher (*Fragewort*)	ʾayy	oh Vater	yā ʾab

Lesen Sie Schritt für Schritt ...

أَب ʾab

Das Wort beginnt mit einem Hamza, das auf einem Alif als Träger steht. Das Hamza steht für den Stimmeinsatz (in der Umschrift als ʾ notiert).

Über den darauffolgenden Vokal entscheidet das Vokalzeichen auf dem Hamza, hier ein a.

Da man das Alif nicht nach links verbinden kann, folgt das ب in seiner isolierten Form.

Schreiben Sie die Wörter nach.

أَب أَب أَب

يا يا يا

يا أَب يا أَب يا أَب

أَيّ أَيّ أَيّ

وَ وَ وَ

أَوْ أَوْ أَوْ

Lesen Sie die folgenden Wörter.

TR. 3

er hat gestottert	تَأْتَأَ	mein Vater	أَبي
Maulbeeren	توت	Papa	بابا
Möbel	أَثاث	Tür	باب
Kleid	ثَوْب	Türen	أَبْواب
Kleider, Kleidung	ثِياب	Pförtner	بَوّاب
er hat gesendet (*Radio*)	بَثَّ	Haus	بَيْت
er sendet	يَبُثُّ	Häuser	بُيوت
fest, stabil	ثابِت	er hat übernachtet	باتَ
Beweis	إِثْبات	er übernachtet	يَبيتُ

Beginnt ein Wort mit einem i wie das Wort ʾiṯbāt (Beweis), steht das Hamza mit dem Vokalzeichen für i unter dem Alif. (Hamzaschreibung ▶ S. 63).

stottern	taʾtaʾa	mein Vater	ʾabī
Maulbeeren	tūt	Papa	bābā
Möbel	ʾaṯāṯ	Tür	bāb
Kleid	ṯawb	Türen	ʾabwāb
Kleider, Kleidung	ṯiyāb	Pförtner	bawwāb
er hat gesendet	baṯṯa	Haus	bayt
er sendet	yabuṯṯu	Häuser	buyūt
fest, stabil	ṯābit	er hat übernachtet	bāta
Beweis	ʾiṯbāt	er übernachtet	yabītu

Schreiben Sie einige Wörter nach.

بابا بابا بابا

أَبي أَبي أَبي

باب باب باب

أَبْواب أَبْواب أَبْواب

بَيْت بَيْت بَيْت

بُيوت بُيوت بُيوت

توت توت توت

ثِياب ثِياب ثِياب

إِثْبات إِثْبات إِثْبات

Verbinden Sie die isolierten Buchstaben zu Wörtern. Können Sie sie auch vokalisieren?

أ ب

أ ب ي

ب ا ب

أ ب و ا ب

ب ي ت

ت أ ت أ

أ ث ا ث

ث ي ا ب

إ ث ب ا ت

ي ب ثّ

Wählen Sie aus dem Kästchen die richtigen Buchstabenformen aus und notieren Sie die arabischen Wörter.

Kleider, Kleidung (ṯiyāb)		mein Vater (ʾabī)	
Möbel (ʾaṯāṯ)		Tür (bāb)	باب
Beweis (ʾiṯbāt)		Türen (ʾabwāb)	
fest, stabil (ṯābit)		Haus (bayt)	
er sendet (yabuṯṯu)		Häuser (buyūt)	

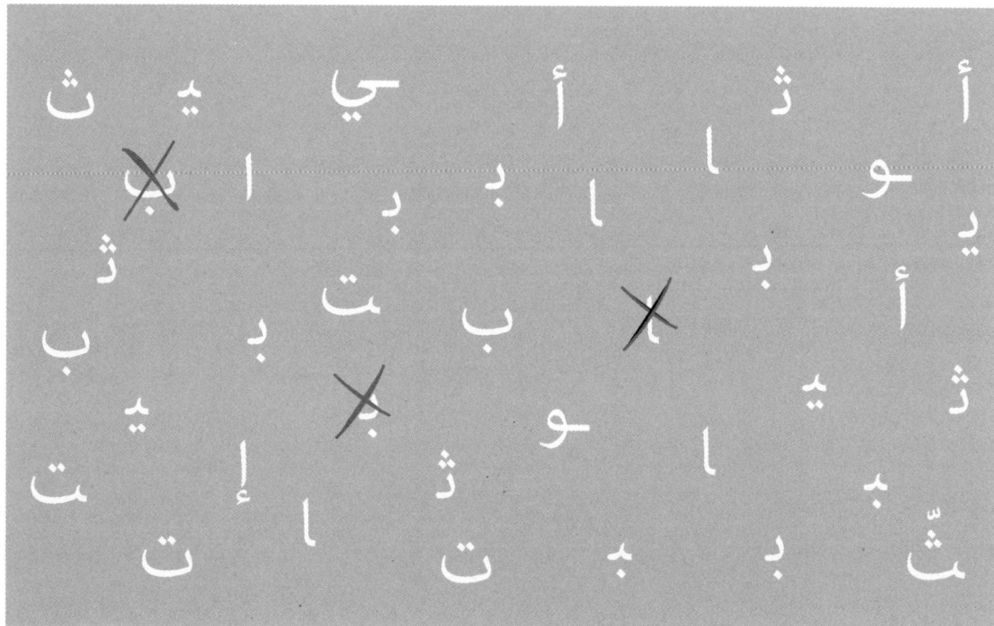

Bei jeweils einem Buchstaben in den folgenden Wörtern fehlen die Punkte. Wie viele müssen dort stehen, und müssen sie oben oder unten stehen?

er hat übernachtet	باٮَ	Häuser	ٮُيوت	Haus	بَـٮْـت
Möbel	أٮاث	fest	ٮابِت	mein Vater	أبى
Kleidung	ثـٮـاب	Türen	أَبْواٮ	Tür	باٮ

Die Buchstaben ǧīm ḥāʾ ḫāʾ

In der Anfangs- und Mittelform verlieren diese Buchstaben ihren unter der Linie stehenden Bauch.

←		
خ	ح	ج
ḫ	ḥ	ǧ

Aussprache
ǧ dsch wie in englisch **J**im
ḥ stark gehauchtes h
ḫ ch wie in Da**ch**

Buchstabenname		Endform	Mittelform	Anfangsform	Isolierte Form
ǧīm	جيم	ـج	ـجـ	جـ	ج
ḥāʾ	حاء	ـح	ـحـ	حـ	ح
ḫāʾ	خاء	ـخ	ـخـ	خـ	خ

Schreiben Sie die verschiedenen Buchstabenformen mehrfach nach!

Als Anfänger sollte man bei der Mittel- und Endform so wie in der oben benutzten Schriftart neu ansetzen, um diese Buchstaben zu schreiben. In Handschriften und Kalligrafien werden diese Buchstaben oft in einem Zug mit einer kleinen Stufe geschrieben (Zur Handschrift ▶ S. 77).

Lesen Sie die folgenden Wörter.

TR. 4

Suche, Untersuchung	بَحْث	Bruder	أَخ
Forscher	باحِث	mein Bruder	أَخي
er sucht, er forscht	يَبْحَثُ	Schwester	أُخْت
Pilgerfahrt	حَجّ	Schwestern	أَخَوات
Pilger	حاجّ	mein Liebling	حَبيبي
Pilger (*Plural*)	حُجّاج	Liebe	حُبّ
Schleier, Kopftuch	حِجاب	er liebte	أَحَبَّ
unter	تَحْتَ	er liebt	يُحِبُّ
Pflaumen, Pfirsiche*	خَوْخ	ich liebe	أُحِبُّ

*Bei diesem Wort handelt es sich um einen kollektiven Begriff, den man z.B. verwendet für Ausdrücke wie ein Kilo Pflaumen oder Pflaumensaft.

Solche kollektiven Begriffe gibt es für viele Obst- und Gemüsesorten. Wie man einzelne Früchte bezeichnet, lernen Sie, wenn die Femininendung behandelt wird. ▶ S. 69

Suche, Untersuchung	baḥṯ	Bruder	ʾaḫ
Forscher	bāḥiṯ	mein Bruder	ʾaḫī
er sucht, er forscht	yabḥaṯu	Schwester	ʾuḫt
Pilgerfahrt	ḥaǧǧ	Schwestern	ʾaḫawāt
Pilger	ḥāǧǧ	mein Liebling	ḥabībī
Pilger (*Plural*)	ḥuǧǧāǧ	Liebe	ḥubb
Schleier, Kopftuch	ḥiǧāb	er liebte	ʾaḥabba
unter	taḥta	er liebt	yuḥibbu
Pflaumen, Pfirsiche	ḫawḫ	ich liebe	ʾuḥibbu

Schreiben Sie einige Wörter nach.

أَخي أَخي أَخي

أُخْت أُخْت أُخْت

يُحِبُّ يُحِبُّ يُحِبُّ

أَبْواب أَبْواب أَبْواب

حَبيبي حَبيبي حَبيبي

يَبْحَثُ يَبْحَثُ يَبْحَثُ

باحِث باحِث باحِث

تَحْتَ تَحْتَ تَحْتَ

حِجاب حِجاب حِجاب

Verbinden Sie die isolierten Buchstaben zu Wörtern. Können Sie sie auch vokalisieren?

أ خ ت	ح ا جّ
أ خ و ا ت	ت ح ت
ي ح بّ	ح ج ا ب
ب ا ح ث	ح ب ي ب ي
خ و خ	ب ح ث

Wählen Sie aus dem Kästchen die richtigen Buchstabenformen aus und notieren Sie die arabischen Wörter.

mein Liebling (**ḥabībī**)

Forscher (**bāḥiṯ**)

er sucht (**yabḥaṯu**)

unter (**taḥta**)

Schleier (**ḥiǧāb**)

mein Bruder (**ʾaḫī**)

Schwester (**ʾuḫt**)

Schwestern (**ʾaḫawāt**)

ich liebe (**ʾuḥibbu**) أُحِبُّ

Liebe (**ḥubb**)

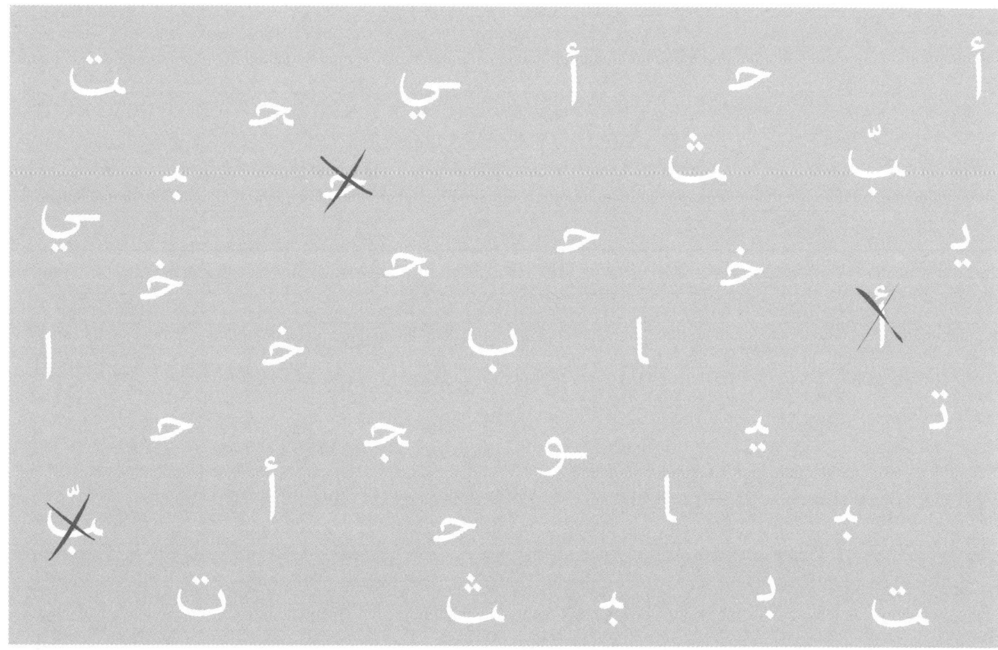

Welcher Buchstabe fehlt in den Lücken in den folgenden Wörtern? **ǧīm**, **ḥāʾ** oder **ḫāʾ**? Und in welcher Form?

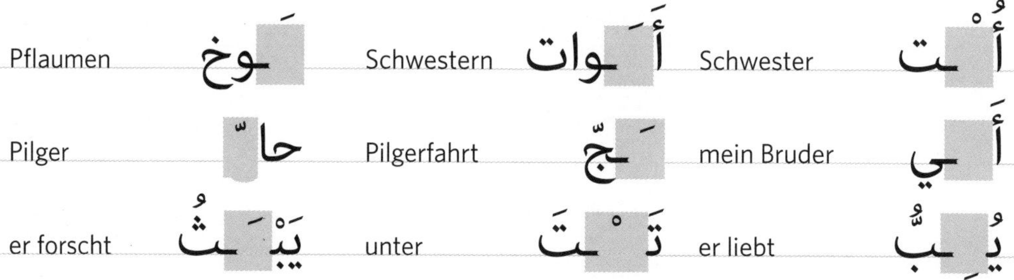

Die Buchstaben dāl ḏāl

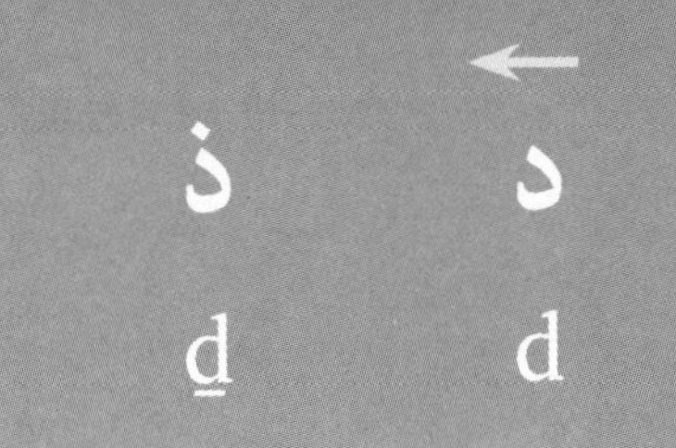

Diese Buchstaben werden nicht nach links verbunden: Dadurch entsteht eine kleine Lücke im Wort.

Die Buchstaben stehen auf der Linie.

Sie sind ungefähr doppelt so hoch wie ein bāʾ und halb so hoch wie ein Alif.

Aussprache
d wie in **D**ose
ḏ stimmloses th wie in englisch **th**at

Buchstabenname		Endform	Mittelform	Anfangsform	Isolierte Form
dāl	دال	ـد	ـدـ	دـ	د
ḏāl	ذال	ـذ	ـذـ	ذـ	ذ

Schreiben Sie die verschiedenen Buchstabenformen mehrfach nach.

ـد د

ـذ ذ

Versuchen Sie vor allem bei der nicht verbundenen Form, die senkrechte Linie etwas nach links geneigt zu schreiben.
Der kleine Aufwärtsbogen am Ende des Buchstabens, der oben zu sehen ist, erscheint in der Handschrift nicht immer.

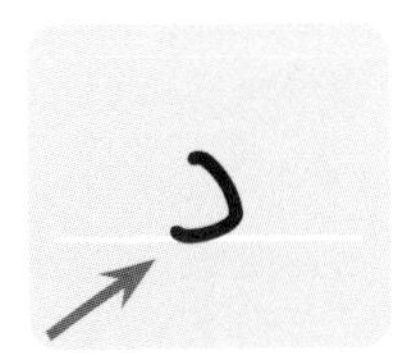

Lesen Sie die folgenden Wörter.

TR. 5

nehmen	أَخَذَ	Großvater	جَدّ
er nimmt	يَأْخُذُ	Großväter, Ahnen	أَجْداد
Nimm!	خُذْ!	finden	وَجَدَ
Hühner	دَجاج	es gibt	يوجَدُ
Grenzen	حُدود	Existenz	وُجود
Eisen	حَديد	attraktiv	جَذّاب
Wange	خَدّ ج* خُدود	modern	حَديث
Hand	يَد	neu	جَديد
wenn, falls	إِذا	gut	جَيِّد

*Der Buchstabe ج zwischen zwei Wörtern wie bei Wange steht für das Wort Plural. Man muss diese oft unregelmäßige Form bei vielen arabischen Substantiven mitlernen.

nehmen	ʾaḫaḏa	Großvater	ǧadd
er nimmt	yaʾḫuḏu	Großväter, Ahnen	ʾaǧdād
Nimm!	ḫuḏ!	finden	waǧada
Hühner	daǧāǧ	es gibt	yūǧadu
Grenzen	ḥudūd	Existenz	wuǧūd
Eisen	ḥadīd	attraktiv	ǧaḏḏāb
Wange	ḫadd *Plural* ḫudūd	modern	ḥadīṯ
Hand	yad	neu	ǧadīd
wenn, falls	ʾiḏā	gut	ǧayyid

Schreiben Sie nun einige Wörter nach.

وَجَدَ وَجَدَ وَجَدَ

يوجَدُ يوجَدُ يوجَدُ

جَذّاب جَذّاب جَذّاب

جَيِّد جَيِّد جَيِّد

أَخَذَ أَخَذَ أَخَذَ

خُذْ خُذْ خُذْ

يَد يَد يَد

حُدود حُدود حُدود

إذا إذا إذا

Verbinden Sie die isolierten Buchstaben zu Wörtern. Können Sie sie auch vokalisieren?

جَ دّ — د ج ا ج

أ ج د ا د — خ دّ

ي و ج د — ح د و د

ج ذّ ا ب — إ ذ ا

ي أ خ ذ — ج د ي د

Wählen Sie aus dem Kästchen die richtigen Buchstabenformen aus und notieren Sie die arabischen Wörter.

Hand (yad) es gibt (yūǧadu)

Eisen (ḥadīd) Existenz (wuǧūd) وُجود

wenn, falls (ʾiḏā) modern (ḥadīṯ)

Grenzen (ḥudūd) gut (ǧayyid)

er nimmt (yaʾḫuḏu) attraktiv (ǧaḏḏāb)

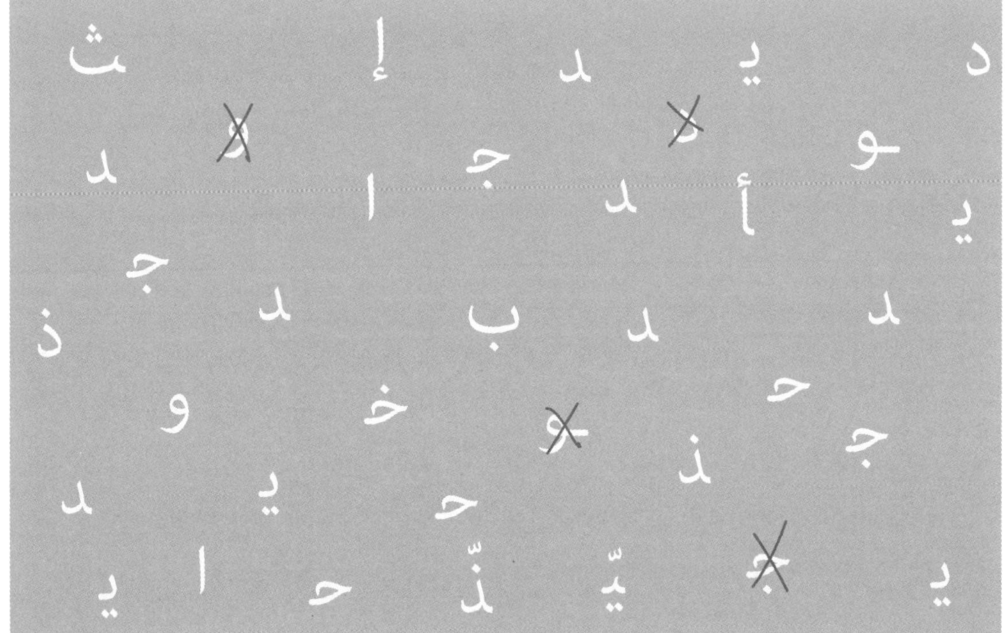

Welcher Buchstabe fehlt in den Lücken in den folgenden Wörtern? dāl oder ḏāl?
Und in welcher Form?

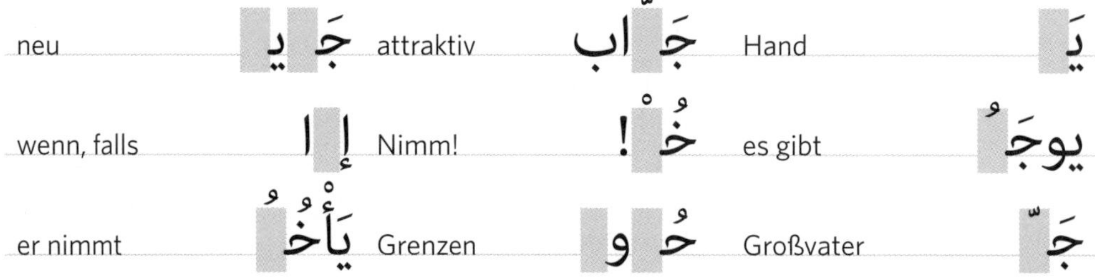

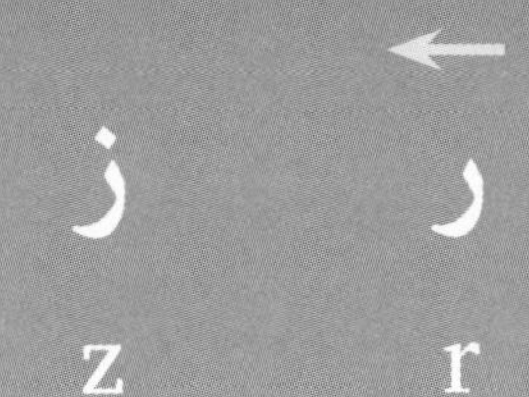

Die Buchstaben rā zāy

Diese Buchstaben werden nicht nach links verbunden. Dadurch entsteht eine kleine Lücke im Wort.

Sie gehen unter die Linie und erinnern an ein großes Komma.

Sieht das **zāy** nicht aus wie ein „Zaymikolon"?

Aussprache
r Zungenspitzen-**r**
z stimmhaftes **s** wie in **S**ahne

Buchstabenname		Endform	Mittelform	Anfangsform	Isolierte Form
rāʾ	راء	ـر	ـرـ	رـ	ر
zāy	زاي	ـز	ـزـ	زـ	ز

Schreiben Sie die verschiedenen Buchstabenformen mehrfach nach!

Je nach Schrifttype haben diese Buchstaben einen kleinen Aufstrich, bevor es unter die Zeile geht, wie sie oben sehen.

Beim Schreiben mit der Hand wie hier rechts können Sie direkt unter die Zeile gehen.

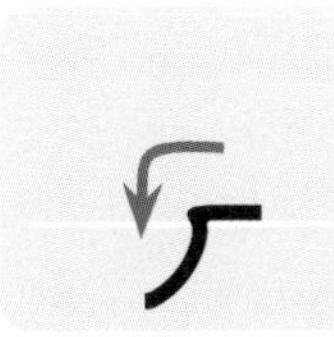

Lesen Sie die folgenden Wörter.

TR. 6

Meer	بَحْر	Ehemann	زَوْج
frei	حُرّ	Händler	تاجِر
kalt	بارِد	Metzger	جَزّار
Haus	دار ج دور	Brot	خُبْز
Reservierung	حَجْز	Gurken	خِيار
Miete	إيجار	Möhren	جَزَر
Geschichte, Datum	تاريخ	Reis	رُزّ
besuchen	زارَ، يَزورُ*	Rosen (*koll.*)	وَرْد
Beirut	بَيْروت	rosa	وَرْدِيّ

* Ab jetzt finden Sie in den Wortlisten immer Vergangen- und Gegenwartsform zusammen, wie es im Arabischen üblich ist. Dabei benutzt man die Formen für die 3. Person Mask. Sg. (er): „er hat besucht, er besucht", denn die arabische Sprache kennt keine Grundform (*Infinitiv*) wie „besuchen".

Meer	baḥr	Ehemann	zawǧ
frei	ḥurr	Händler	tāǧir
kalt	bārid	Metzger	ǧazzār
Haus	dār *Plural* dūr	Brot	ḫubz
Reservierung	ḥaǧz	Gurken	ḫiyār
Miete	ʾīǧār	Möhren	ǧazar
Geschichte, Datum	tārīḫ	Reis	ruzz
besuchen	zāra, yazūru	Rosen	ward
Beirut	Bayrūt	rosa	wardiy

Schreiben Sie einige Wörter nach.

تاجِر تاجِر تاجِر

خُبْز خُبْز خُبْز

زَوْج زَوْج زَوْج

وَرْد وَرْد وَرْد

بَحْر بَحْر بَحْر

بارِد بارِد بارِد

حَجْز حَجْز حَجْز

تاريخ تاريخ تاريخ

زارَ زارَ زارَ

Verbinden Sie die isolierten Buchstaben zu Wörtern. Können Sie sie auch vokalisieren?

ز و ج   ب ا ر د

خ ي ا ر   ح ج ز

و ر د ي   ي ز و ر

ج ز ر   إ ي ج ا ر

ب ح ر   ب ي ر و ت

Wählen Sie aus dem Kästchen die richtigen Buchstabenformen aus und notieren Sie die arabischen Wörter.

Meer (**baḥr**)

kalt (**bārid**)

Haus (**dār**)

Miete (**ʾīǧār**)

Geschichte (**tārīḫ**)

Brot (**ḫubz**)

Gurken (**ḫiyār**) خِيار

Möhren (**ǧazar**)

Händler (**tāǧir**)

Ehemann (**zawǧ**)

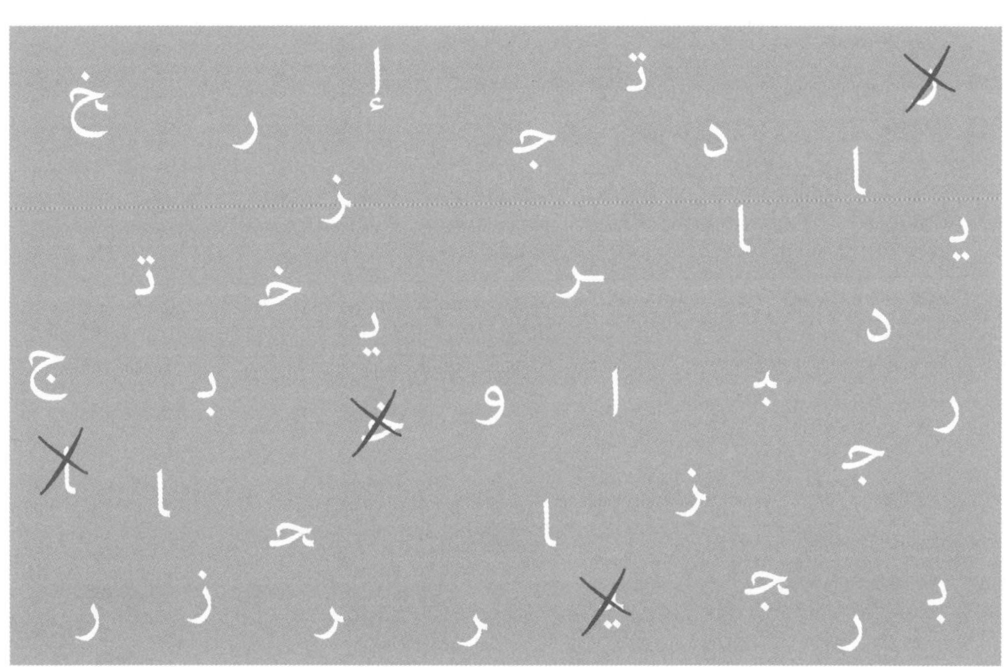

Welcher Buchstabe fehlt in den Lücken in den folgenden Wörtern? **rā** oder **zāy**? Und in welcher Form?

Zur Wiederholung

Schreiben Sie die isolierten Formen der folgenden Buchstaben.

ربحاتويجثدزخذ

ر ب ...

Sudoku: In jedem Sechserblock, jeder Zeile und jeder Reihe müssen alle sechs Buchstaben vorkommen, die nicht nach links weiter verbunden werden dürfen.

ا د ذ ر ز و

	ر				و
	ا	و	ز		ذ
ر		د		و	ز
ا			ر		
و	ز			د	ا
		ا			ر

In der folgenden Wortschlange finden Sie einige Lebensmittel. Notieren Sie sie.

توتخوخخبزخيارجزررزّ

خوخ

Möhren Reis Gurken Brot Maulbeeren Pflaumen

Substantiv oder Adjektiv? Schreiben Sie die untenstehenden Wörter in die entsprechende Spalte.

Substantive		Adjektive	
	أُخْت		حَديث

تاجِر	حَديث	حُرّ	بارِد
أُخْت	حِجاب	جَذّاب	دار
بَحْر	وَرْديّ	جَيِّد	ثابِت
جَديد	زَوْج	يَد	ثِياب

Erinnern Sie sich an die Wörter und deren deutsche Bedeutungen?

Ehemann, neu, Kleider, Händler, rosa, kalt, modern, fest, Schleier, frei, Haus, gut, Hand, Meer, Schwester, attraktiv

Die Buchstaben sīn šīn

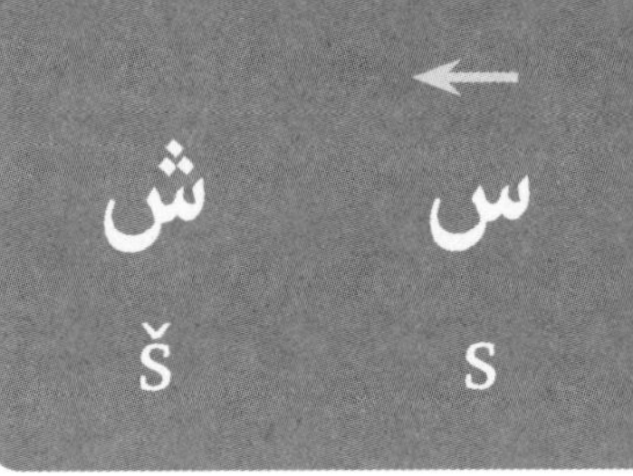

Das auffälligste Merkmal dieser Buchstaben sind die beiden kleinen Bögen.

Ist es nicht hilfreich, dass der Laut **š,** der im Deutschen durch die **drei** Buchstaben s c h ausgedrückt wird, im Arabischen **drei** Punkte trägt?

Aussprache
s stimmloses **s** wie in Ma**ß**
š **sch** wie in **Sch**ule

Buchstabenname		Endform	Mittelform	Anfangsform	Isolierte Form
sīn	سين	ـس	ـسـ	سـ	س
šīn	شين	ـش	ـشـ	شـ	ش

Schreiben Sie die verschiedenen Buchstabenformen mehrfach nach.

In der Handschrift ersetzt man die beiden kleinen Bögen oft durch einen langen, etwas schrägen Strich und schreibt statt der drei Punkte einen kleinen Winkel (zur Handschrift ▶ S. 77).

Lesen Sie die folgenden Wörter.

TR. 7

Bäume (*koll.*)	شَجَر	Herr	سَيِّد
Holz	خَشَب	Professor, Meister	أُسْتاذ
Mauer	سور	junger Mann	شابّ
links	يَسار	Menschen	بَشَر
schwarz	أَسْوَد	studieren	دَرَسَ، يَدْرُسُ
heftig, fest	شَديد	Lektion	دَرْس ج دُروس
Grundlage, Basis	أَساس	trinken	شَرِبَ، يَشْرَبُ
Syrien	سورِيا	Tee	شاي
Syrer, syrisch	سوريّ	Bett	سَرير

Bäume	šağar	Herr	sayyid
Holz	ḫašab	Professor, Meister	ʾustāḏ
Mauer	sūr	junger Mann	šābb
links	yasār	Menschen	bašar
schwarz	ʾaswad	studieren	darasa, yadrusu
heftig, fest	šadīd	Lektion	dars *Plural* durūs
Grundlage, Basis	ʾasās	trinken	šariba, yašrabu
Syrien	Sūriyā	Tee	šāy
Syrer, syrisch	sūriy	Bett	sarīr

Schreiben Sie einige Wörter nach.

سَيِّد سَيِّد سَيِّد

دَرَس دَرَس دَرَس

بَشَر بَشَر بَشَر

يَشْرَبُ يَشْرَبُ يَشْرَبُ

شاي شاي شاي

خَشَب خَشَب خَشَب

شَجَر شَجَر شَجَر

أَساس أَساس أَساس

سوريّ سوريّ سوريّ

Verbinden Sie die isolierten Buchstaben zu Wörtern. Können Sie sie auch vokalisieren?

أ س ت ا ذ

ب ش ر

د ر و س

ش ا ي

ي س ا ر

ي ش ر ب

أ س ا س

أ س و د

س و ر ي ا

س يّ د

Wählen Sie aus dem Kästchen die richtigen Buchstabenformen aus und notieren Sie die arabischen Wörter.

Professor (ʾ**ustāḏ**)

Lektionen (**durūs**)

Tee (**šāy**)

studieren (**darasa**) دَرَسَ

Holz (**ḫašab**)

Basis, Grundlage (ʾ**asās**)

Bäume (**šağar**)

junger Mann (**šābb**)

links (**yasār**)

Bett (**sarīr**)

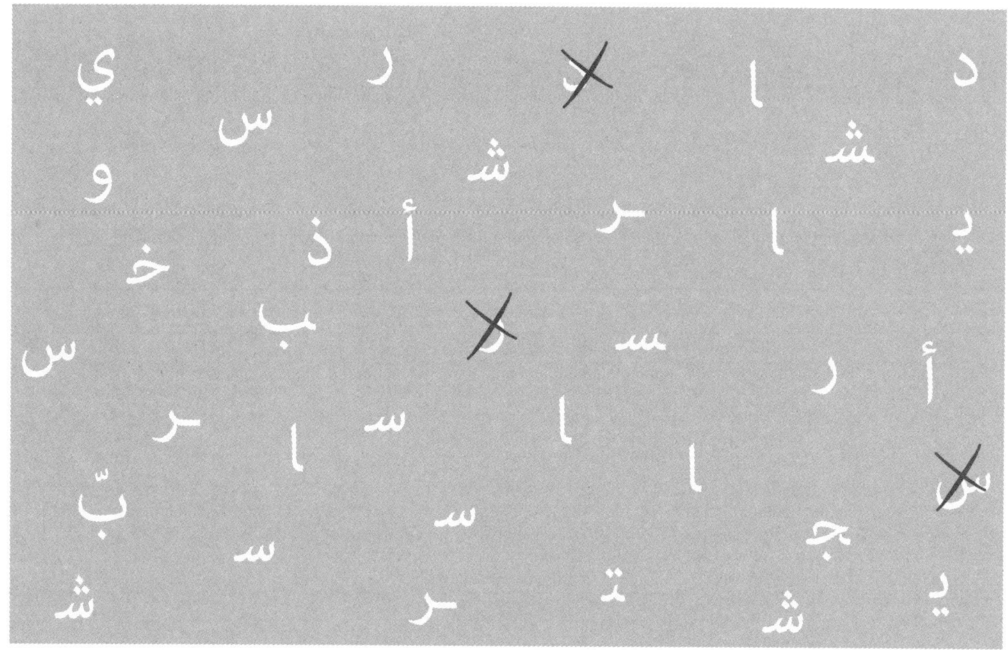

Welcher Buchstabe fehlt in den Lücken der folgenden Wörter: **sīn oder** šīn? Und in welcher Form?

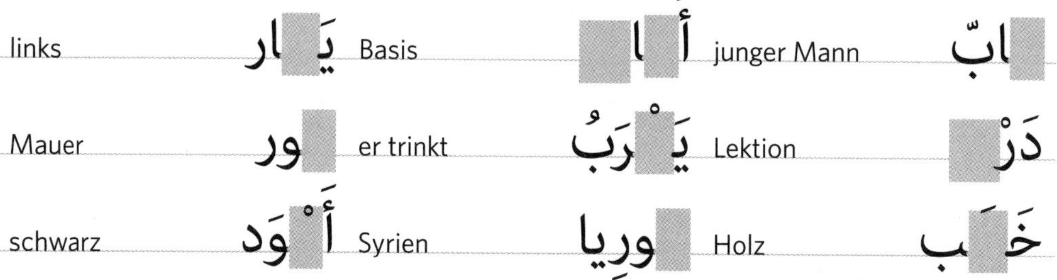

Die Buchstaben ṣād ḍād

Das auffälligste Merkmal dieser beiden Buchstaben sind die Schlaufen, die von links nach rechts geschrieben werden. Immer wenn Sie eine solche halbe Schlaufe sehen, wird es dunkel (emphatisch).

Vergessen Sie bei Anfangs- und Mittelform nicht den kleinen Aufstrich nach der Schlaufe!

Aussprache
ṣ stimmloses dunkles **s**
ḍ dunkles **d**

Buchstabenname		Endform	Mittelform	Anfangsform	isolierte Form
ṣād	صاد	ـص	ـصـ	صـ	ص
ḍād	ضاد	ـض	ـضـ	ضـ	ض

Schreiben Sie die verschiedenen Buchstabenformen mehrfach nach!

Es ist gar nicht so einfach, diese dunklen oder emphatischen Laute richtig zu sprechen bzw. zu hören. Oft erkennt man sie nur an den Vokalen, die ihnen folgen, da diese ebenfalls dunkel gesprochen werden.

Die arabische Sprache nennt man auch die Sprache des Ḍād, da es diesen Buchstaben nur im Arabischen gibt.

Lesen Sie die folgenden Wörter.

TR. 8

Lärm	ضَجيج	Person	شَخْص ج أَشْخاص
weiß	أَبْيَض	Freund, Besitzer	صاحِب ج أَصْحاب
grün	أَخْضَر	Junge, Knabe	صَبيّ
besonders, privat	خاصّ	Erde	أَرْض
billig	رَخيص	Morgen	صَباح
sportlich	رِياضيّ	Brust	صَدْر
aufrichtig, deutlich	صَريح	erscheinen (*Buch*)	صَدَرَ، يَصْدُرُ
geduldig	صَبور	schlagen	ضَرَبَ، يَضْرِبُ
Geduld	صَبْر	(das) Schlagen	ضَرْب

Lärm	ḍaǧīǧ	Person	šaḫṣ *Plural* ʾašḫāṣ
weiß	ʾabyaḍ	Freund, Besitzer	ṣāḥib *Plural* ʾaṣḥāb
grün	ʾaḫḍar	Junge, Knabe	ṣabiy
besonders, privat	ḫāṣṣ	Erde	ʾarḍ
billig	raḫīṣ	Morgen	ṣabāḥ
sportlich	riyāḍiy	Brust	ṣadr
aufrichtig, deutlich	ṣarīḥ	erscheinen	ṣadara, yaṣduru
geduldig	ṣabūr	schlagen	ḍaraba, yaḍribu
Geduld	ṣabr	Schlagen	ḍarb

Schreiben Sie einige Wörter nach.

شَخْص شَخْص شَخْص

صاحِب صاحِب صاحِب

صَباح صَباح صَباح

صَدْر صَدْر صَدْر

ضَجيج ضَجيج ضَجيج

أَخْضَر أَخْضَر أَخْضَر

رَخيص رَخيص رَخيص

صَبور صَبور صَبور

صَبْر صَبْر صَبْر

Verbinden Sie die isolierten Buchstaben zu Wörtern. Können Sie sie auch vokalisieren?

ر ي ا ض يّ

أ ب ي ض

ص ب و ر

أ ص ح ا ب

أ ر ض

ض ر ب

ي ض ر ب

ص ب ر

ر خ ي ص

ض ج ي ج

Wählen Sie aus dem Kästchen die richtigen Buchstabenformen aus und notieren Sie die arabischen Wörter.

Lärm (**ḍaǧīǧ**)	Morgen (**ṣabāḥ**)
Freund, Besitzer (**ṣāḥib**)	Erde (**ʾarḍ**) أَرْض
aufrichtig, deutlich (**ṣarīḥ**)	Person (**šaḫṣ**)
grün (**ʾaḫḍar**)	sportlich (**riyāḍiy**)
billig (**raḫīṣ**)	weiß (**ʾabyaḍ**)

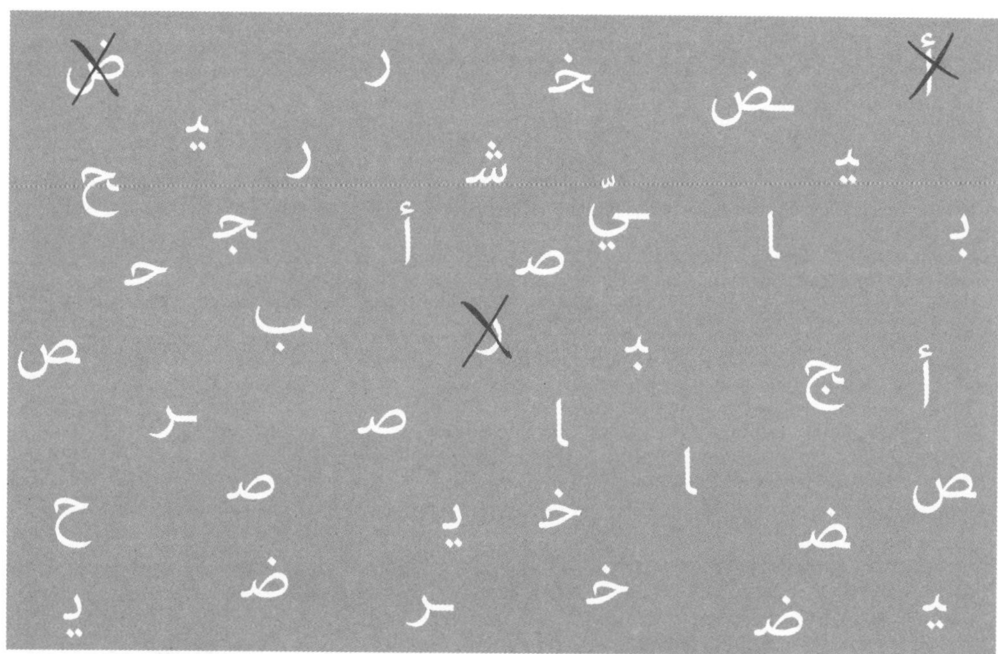

Welcher Buchstabe fehlt in den Lücken in den folgenden Wörtern? **ṣād** oder **ḍād**? Und in welcher Form?

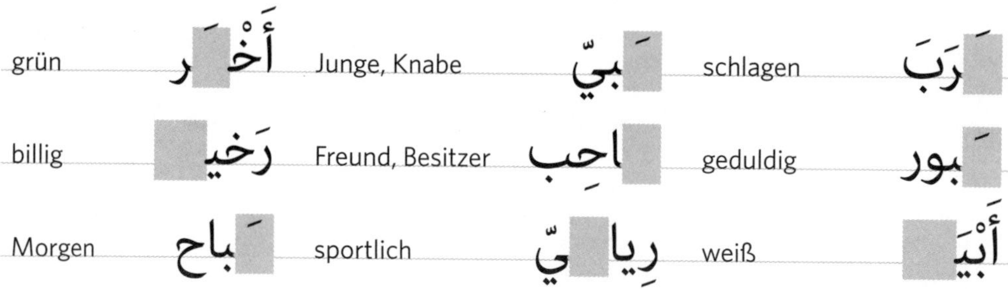

Die Buchstaben ṭāʾ ẓāʾ

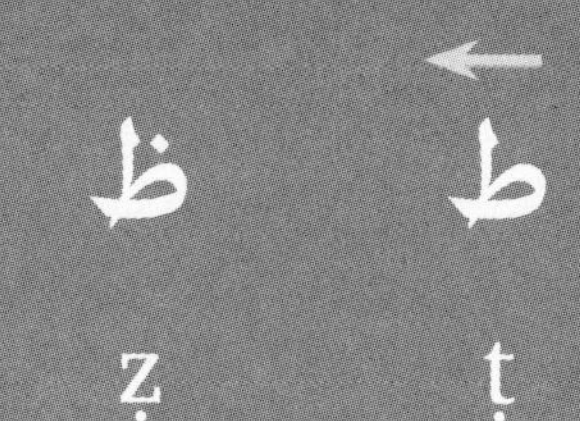

Das auffälligste Merkmal dieser beiden Buchstaben sind die Schlaufen mit dem langen Aufstrich.

Diese Laute existieren nicht im Deutschen oder Englischen.

Aussprache
ṭ dunkles **t**
ẓ dunkles stimmhaftes **th**

Buchstabenname		Endform	Mittelform	Anfangsform	isolierte Form
ṭāʾ	طاء	ـط	ـطـ	طـ	ط
ẓāʾ	ظاء	ـظ	ـظـ	ظـ	ظ

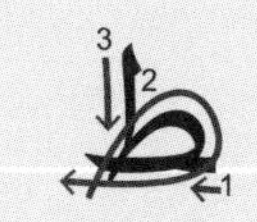

Schreiben Sie die verschiedenen Buchstabenformen mehrfach nach.

Bei den vier emphatischen Buchstaben müssen Sie bei der Mittel- und Endform nicht neu ansetzen zur Schlaufe, sondern können sie von rechts kommend in einem Zug durchschreiben.
Punkte und Striche setzen Sie später.

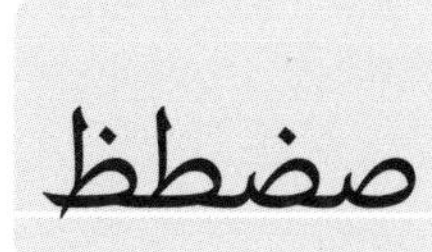

Lesen Sie die folgenden Wörter.

TR. 9

Gefahr	خَطَر ج أَخْطار	Polizist	شُرْطيّ
Verbot	حَظْر	Arzt	طَبيب
Glück	حَظّ	Medizin	طِبّ
Wassermelonen	بَطّيخ	Koch	طَبّاخ
frisch (*z.B. Obst*)	طازِج	kochen	طَبَخَ ، يَطْبُخُ
klug, clever, fleißig	شاطِر	Kalligraph	خَطّاط
Mitte	وَسَط	Linie, Schrift	خَطّ ج خُطوط
Abu Dhabi	أَبو ظَبي	Pilot	طَيّار
Tripoli, Tripolis	طَرابُلُس	(kleiner) Vogel	طَيْر ج طُيور

Es gibt zwei Städte mit dem Namen **Ṭarābulus** in der arabischen Welt. Die eine liegt im Libanon, die andere in Libyen. Letztere nennt man in den westlichen Sprachen Tripoli.

Gefahr	ḫaṭar *Plural* ʾaḫṭar	Polizist	šurṭiy
Verbot	ḥaẓr	Arzt	ṭabīb
Glück	ḥaẓẓ	Medizin	ṭibb
Wassermelone	baṭṭīḫ	Koch	ṭabbāḫ
frisch	ṭāziğ	kochen	ṭabaḫa, yaṭbuḫu
klug, clever	šāṭir	Kalligraph	ḫaṭṭāṭ
Mitte	wasaṭ	Linie, Schrift	ḫaṭṭ *Plural* ḫuṭūṭ
Tripoli(s)	Ṭarābulus	Pilot	ṭayyār
Abu Dhabi	ʾAbū Ẓabiy	(kleiner) Vogel	ṭayr *Plural* ṭuyūr

Schreiben Sie einige Wörter nach.

طَبيب طَبيب طَبيب

خَطّاط خَطّاط خَطّاط

طَبَخ طَبَخ طَبَخ

خُطوط خُطوط خُطوط

خَطَر خَطَر خَطَر

حَظْر حَظْر حَظْر

بَطّيخ بَطّيخ بَطّيخ

حَظّ حَظّ حَظّ

أَبو ظَبي أبو ظَبي أبو ظَبي

Verbinden Sie die isolierten Buchstaben zu Wörtern. Können Sie sie auch vokalisieren?

خ طّ ا ط　　و س ط

ي ط ب خ　　ب طّ ي خ

ط يّ ا ر　　ط ا ز ج

ح ظ ر　　ط ر ا ب ل س

ش ا ط ر　　أ ب و ظ ب ي

Wählen Sie aus dem Kästchen die richtigen Buchstabenformen aus und notieren Sie die arabischen Wörter.

Polizist (**šurṭiy**)	Glück (**ḥaẓẓ**)
Linie, Schrift (**ḫaṭṭ**) خَطّ	Verbot (**ḥaẓr**)
Linien, Schriften (**ḫuṭūṭ**)	Pilot (**ṭayyār**)
clever (**šāṭir**)	Abu Dhabi (**ʾAbū Ẓabiy**)
Medizin (**ṭibb**)	Wassermelone (**baṭṭīḫ**)

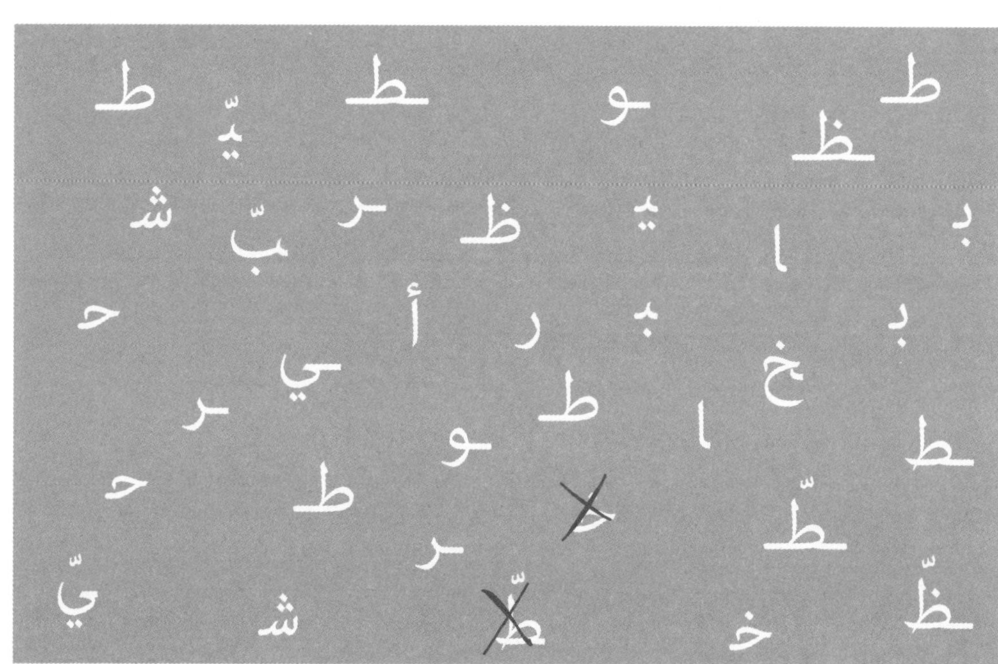

Welcher Buchstabe fehlt in den Lücken der folgenden Wörter: ṭāʾ oder ẓāʾ? Und in welcher Form?

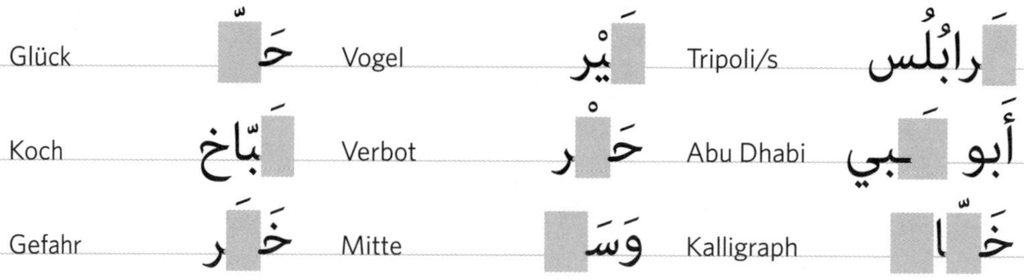

Schreiben Sie die verschiedenen Formen der folgenden Buchstaben.

Emphatische und nicht emphatische Buchstaben

Notieren Sie die untenstehenden arabischen Buchstaben in der Tabelle.

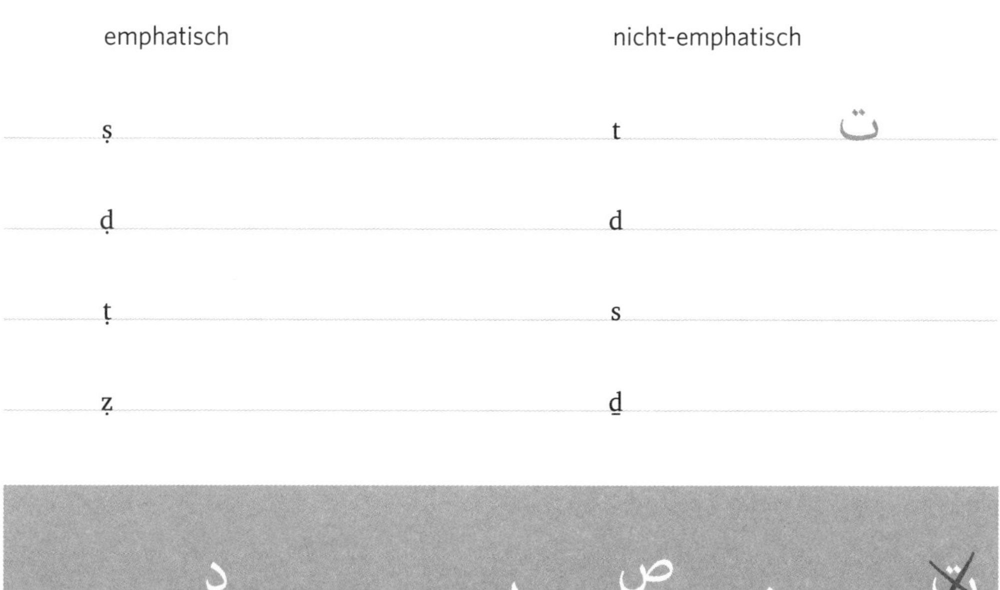

emphatisch	nicht-emphatisch	
ṣ	t	ت
ḍ	d	
ṭ	s	
ẓ	ḏ	

Die emphatischen Konsonanten werden weiter hinten und stärker betont ausgesprochen. Dazu presst man die Zunge etwas an den hinteren Gaumen. Dadurch verändert sich die Aussprache der umgebenden Vokale, sodass ein a mehr Richtung o klingt wie in englisch Shawn. Ein u klingt ebenfalls dunkler, deshalb klingt der Name Muṣṭafa eher nach Moṣṭafa. Ein i klingt weniger hell als mit einem nicht-emphatischen Buchstaben.

Welche Buchstaben fehlen in den Lücken in den folgenden Wörtern?

Geduld	صَبْر	weiß	أَبْيَض	trinken	شَرِبَ
Haus	بَيْت	Freund, Besitzer	صاحِب	wenn, falls	إذا
Morgen	صَباح	Professor	أُسْتاذ	Hühner	دَجاج
modern	حَديث	sportlich	رِياضيّ	schwarz	أَسْوَد
Person	شَخْص	Herr	سَيِّد	Holz	خَشَب
unter	تَحْتَ	Verbot	حَظْر	Koch	طَبّاخ
Nimm!	خُذْ!	billig	رَخيص	Polizist	شُرْطيّ

Die Buchstaben ʿayn ġayn

غ ع

ġayn ʿayn

In der Anfangsform sind diese beiden Buchstaben nach rechts geöffnet, während sie in der Mitte zu einer Art Dreieck geschlossen sind.

Da es den Buchstaben **ʿayn** im lateinischen Alphabet nicht gibt, benutzt man manchmal in den digitalen Medien die Zahl 3, um ihn darzustellen. Sehen Sie die Ähnlichkeit? 3 ع

Aussprache
ʿ gepresster Kehllaut
ġ r-Reibelaut wie in **R**ahmen

Buchstabenname		Endform	Mittelform	Anfangsform	Isolierte Form
ʿayn	عَيْن	ـع	ـعـ	عـ	ع
ġayn	غَيْن	ـغ	ـغـ	غـ	غ

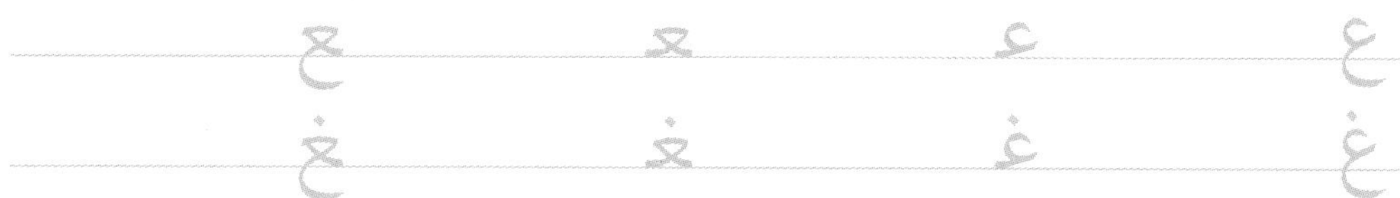

Schreiben Sie die verschiedenen Buchstabenformen mehrfach nach.

ـع ـعـ عـ ع

ـغ ـغـ غـ غ

Bei der Endform dieser Buchstaben gibt es in der Kalligraphie oder im Druck je nach Schrifttyp sowohl die offene als auch die geschlossene Form des oberen Teils.

Manchmal ist dieser obere Teil bei der Mittel- oder Endform auch schwarz gefüllt.

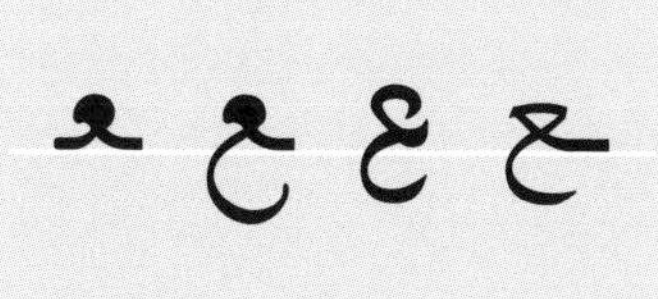

Lesen Sie die folgenden Wörter.

TR. 10

lieb, teuer	عَزيز	Verkäufer	بَيّاع
klein	صَغير	verkaufen	باعَ، يَبيعُ
schwierig	صَعْب	Dichter	شاعِر ج شُعَراء
Saft	عَصير	Poesie, Dichtung	شِعْر، أَشْعار
Linsen	عَدَس	anders, un-*	غَيْر
fremd, seltsam	غَريب	sich verändern	تَغَيَّرَ، يَتَغَيَّرُ
Westen	غَرْب	Woche	أُسْبوع ج أَسابيع
arabisch, Araber	عَرَبيّ ج عَرَب	Frühling	رَبيع
Bagdad	بَغْداد	Nachmittag, früher Abend	عَصْر

*Das Wort غَيْر benutzt man zur Verneinung von Adjektiven: *nicht klein* غَيْر صَغير

lieb, teuer	ʿazīz	Verkäufer	bayyāʿ
klein	ṣaġīr	verkaufen	bāʿa; yabīʿu
schwierig	ṣaʿb	Dichter	šāʿir *Plural* šuʿarāʾ
Saft	ʿaṣīr	Poesie, Dichtung	šiʿr, ʾašʿar
Linsen	ʿadas	anders, un-	ġayr
fremd, seltsam	ġarīb	sich ändern	taġayyara, yataġayyaru
Westen	ġarb	Woche	ʾusbūʿ *Plural* ʾasābīʿ
arabisch, Araber	ʿarabiy *Plural* ʿarab	Frühling	rabīʿ
Bagdad	Baġdād	Nachmittag, früher Abend	ʿaṣr

Schreiben Sie einige Wörter nach.

يَبيعُ يَبيعُ يَبيعُ

شاعِر شاعِر شاعِر

غَيْر غَيْر غَيْر

رَبيع رَبيع رَبيع

أُسْبوع أُسْبوع أُسْبوع

صَغير صَغير صَغير

غَريب غَريب غَريب

عَرَبيّ عَرَبيّ عَرَبيّ

بَغْداد بَغْداد بَغْداد

Verbinden Sie die isolierten Buchstaben zu Wörtern. Können Sie sie auch vokalisieren?

ع ص ي ر   ي ب ي ع

ت غ يّ ر   ب غ د ا د

غ ر ي ب   ص غ ي ر

أ س ب و ع   ع ر ب يّ

أ س ا ب ي ع   ص ع ب

Wählen Sie aus dem Kästchen die richtigen Buchstabenformen aus und notieren Sie die arabischen Wörter.

anders (ġayr)		Verkäufer (bayyā^c)	بَيّاع
Woche (ʾusbūʿ)		Frühling (rabīʿ)	
schwierig (ṣaʿb)		klein (ṣaġīr)	
Saft (ʿaṣīr)		Westen (ġarb)	
Poesie (šiʿr)		arabisch, Araber (ʿarabiy)	

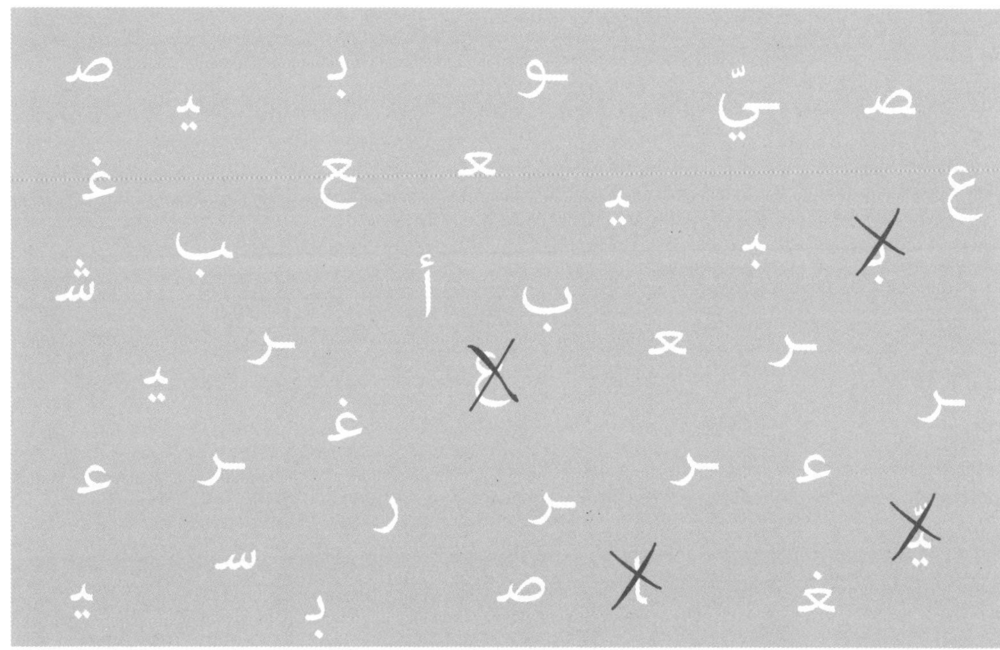

Welcher Buchstabe fehlt in den Lücken in der folgenden Wörter: ʿayn oder ġayn? Und in welcher Form?

Die Buchstaben fā' qāf

Das **fā'** entspricht dem deutschen f.

Das **qāf** ist ein k-Laut, der tiefer in der Kehle gesprochen wird und bei dem weniger Luft ausgestoßen wird als beim **kāf** (▶ S. 55).

Aussprache
f wie in **f**ahren
q nicht aspiriertes tiefes **k**

Buchstabenname		Endform	Mittelform	Anfangsform	Isolierte Form
fā'	فاء	ـف	ـفـ	فـ	ف
qāf	قاف	ـق	ـقـ	قـ	ق

Schreiben Sie die verschiedenen Buchstabenformen mehrfach nach.

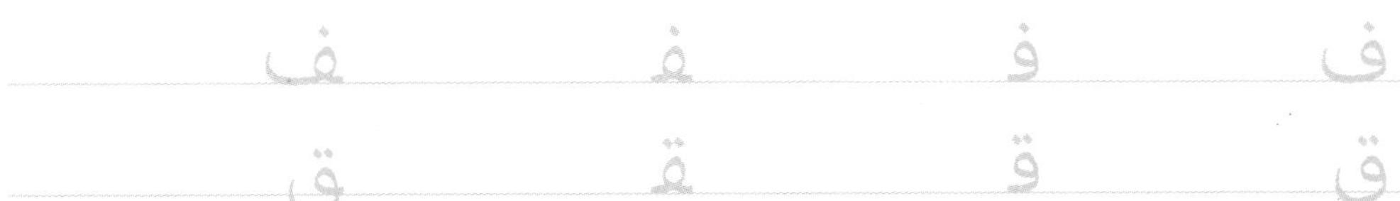

Die Formen der beiden Buchstaben sind in der Anfangs- und in der Mittelform gleich, unterscheiden sich also nur durch die Punkte. Die isolierte Form und die Endform unterscheiden sich voneinander in Länge und Grad und Position der Rundung.

Lesen Sie die folgenden Wörter.

TR. 11

Frühstück	فُطور	Freund	صَديق ج أَصْدِقاء
frühstücken	فَطَرَ، يَفْطُرُ	Enkel	حَفيد ج أَحْفاد
Herbst	خَريف	Fahrer	سَوّاق
Wetter	طَقْس	Journalist	صُحُفيّ
in	في	Recht, *Plural auch:* Jura	حَقّ ج حُقوق
Stop!	قِفْ!	Wirtschaft	اِقْتِصاد
Osten	شَرْق	blau	أَزْرَق
irakisch, Iraker	عِراقيّ	gelb	أَصْفَر
Qatar	قَطَر	wissen, kennen	عَرَفَ، يَعْرِفُ

Frühstück	fuṭūr	Freund	ṣadīq *Plural* ʾaṣdiqāʾ
frühstücken	faṭara, yafṭuru	Enkel	ḥafīd *Plural* ʾaḥfād
Herbst	ḫarīf	Fahrer	sawwāq
Wetter	ṭaqs	Journalist	ṣuḥufiy
in	fī	Recht, *Plural auch*: Jura	ḥaqq *Plural* ḥuqūq
Stop!	qif!	Wirtschaft	ʾiqtiṣād
Osten	šarq	blau	ʾazraq
irakisch, Iraker	ʿirāqiy	gelb	ʾaṣfar
Qatar	Qaṭar	wissen, kennen	ʿarafa, yaʿrifu

Schreiben Sie einige Wörter nach.

صَديق صَديق صَديق

سَوّاق سَوّاق سَوّاق

صُحُفيّ صُحُفيّ صُحُفيّ

حَقّ حَقّ حَقّ

في في في

فَطَرَ فَطَرَ فَطَرَ

طَقْس طَقْس طَقْس

عَرَفَ عَرَفَ عَرَفَ

قَطَر قَطَر قَطَر

Verbinden Sie die isolierten Buchstaben zu Wörtern. Können Sie sie auch vokalisieren?

ف ط و ر

أ ص د ق ا ء

ش ر ق

أ ص ف ر

ي ف ط ر

ا ق ت ص ا د

ق ف

أ ز ر ق

ي ع ر ف

ح ق و ق

Wählen Sie aus dem Kästchen die richtigen Buchstabenformen aus und notieren Sie die arabischen Wörter.

blau (ʾazraq)	Freund (ṣadīq)
Enkel (ḥafīd)	Recht (ḥaqq) حَقّ
Wetter (ṭaqs)	wissen, kennen (ʿarafa)
Stop! (qif)	Frühstück (fuṭūr)
Wirtschaft (ʾiqtiṣād)	Osten (šarq)

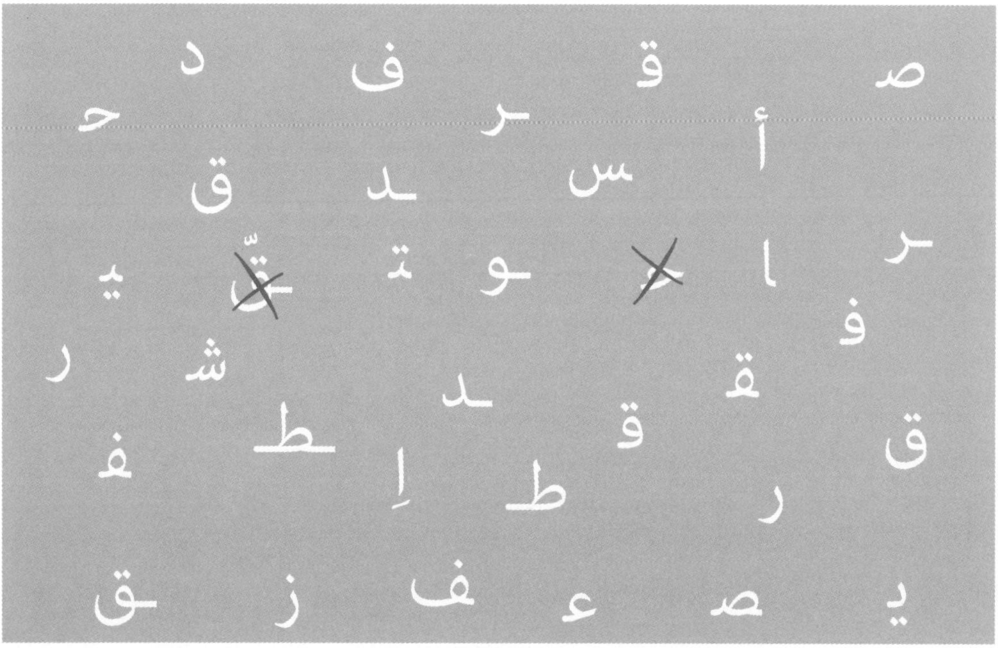

ص ق ف د
أ ـر حـ
ـس ـد ق
ـر ا ـو ـتـ ـيـ
ـفـ
ر ـش ـقـ ـد
ق ـق ـط ـفـ
ر ط إ
ـي ـص ع ف ز ـق

Welcher Buchstabe fehlt in den Lücken der folgenden Wörter: fāʾ oder qāf?
Und in welcher Form?

irakisch, Iraker	عِرا▢يّ	Freund	صَدي▢	Wetter	طَ▢س
Qatar	▢َطَر	Wirtschaft	اِ▢ْتِصاد	Stop!	▢ِـ▢ْ!
Journalist	صُحُ▢يّ	er kennt	يَعْرِ▢ُ	Herbst	خَري▢

Die Buchstaben kāf lām

kāf und lām entsprechen in der Aussprache den deutschen Buchstaben k und l.

Schreiben Sie beim kāf bei der Anfangs- und Mittelform zuerst den unteren Teil und setzen Sie dann den Schrägstrich an.

Aussprache
k wie in **k**aufen
l wie in **l**eihen

Buchstabenname		Endform	Mittelform	Anfangsform	Isolierte Form
kāf	كاف	ـك	ـكـ	كـ	ك
lām	لام	ـل	ـلـ	لـ	ل

Schreiben Sie die verschiedenen Buchstabenformen mehrfach nach.

lām und alif unterscheiden sich in der Anfangs- und Mittelform nur dadurch, dass lām wie hier nach links verbunden wird. Bei der isolierten Form und der Endform geht der Bogen des lām unter die Linie.

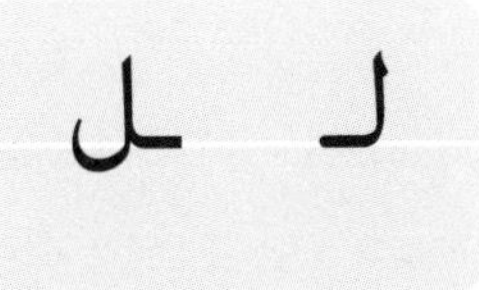

Lesen Sie die folgenden Wörter.

TR. 12

Orangen	بُرْتُقال	Student	طالِب
Paprika, Pfeffer	فِلْفِل	Mann	رَجُل ج رِجال
Milch	حَليب	kleines Kind	طِفْل ج أَطْفال
lecker, köstlich	لَذيذ	nett	لطيف
süß	حُلو	lachen	ضَحِكَ، يَضْحَكُ
vor (*zeitlich*)	قَبْلَ	Stuhl	كُرْسيّ
Nacht	لَيْل	Fenster	شُبّاك
Land	بَلَد	anziehen, tragen	لَبِسَ، يَلْبَسُ
Berg	جَبَل ج جِبال	Iss! /Iss! (*Femininum*)	كُلْ! / كُلي!
Libyen	ليبيا	Dank	شُكْر

Würde man das Wort für Libyen von links nach rechts lesen, würde man trotz unterschiedlicher Buchstaben die gleiche Zeichenfolge sehen, eine Art grafisches Palindrom.

Orangen	burtuqāl	Student	ṭālib
Paprika, Pfeffer	filfil	Mann	rağul *Plural* riğāl
Milch	ḥalīb	kleines Kind	ṭifl *Plural* ʾaṭfāl
lecker, köstlich	laḏīḏ	nett	laṭīf
süß	ḥulū	lachen	ḍaḥika, yaḍḥaku
vor (*zeitlich*)	qabla	Stuhl	kursiy
Nacht	layl	Fenster	šubbāk
Land	balad	anziehen, tragen	labisa, yalbasu
Berg	ğabal *Plural* ğibāl	Iss! Iss! (*Femininum*)	kul / kulī
Libyen	Lībiyā	Dank	šukr

Schreiben Sie einige Wörter nach.

طالِب طالِب طالِب

طِفْل طِفْل طِفْل

ضَحِكَ ضَحِكَ ضَحِكَ

كُلي كُلي كُلي

شُبّاك شُبّاك شُبّاك

فِلْفِل فِلْفِل فِلْفِل

لَيْل لَيْل لَيْل

قَبْلَ قَبْلَ قَبْلَ

لَذيذ لَذيذ لَذيذ

Verbinden Sie die isolierten Buchstaben zu Wörtern. Können Sie sie auch vokalisieren?

أ ط ف ا ل   ح ل ي ب

ي ض ح ك   ش بّ ا ك

ي ل ب س   ك ل ي

ب ر ت ق ا ل   ف ل ف ل

ج ب ل   ق ب ل

Wählen Sie aus dem Kästchen die richtigen Buchstabenformen aus und notieren Sie die arabischen Wörter.

anziehen, tragen (**labisa**)

Dank (**šukr**)

Kind (**ṭifl**)

Fenster (**šubbāk**)

Stuhl (**kursiy**)

Iss! (*Femininum*) (**kulī**)

Milch (**ḥalīb**)

lachen (**ḍaḥika**)

Berge (**ǧibāl**)

nett, freundlich (**laṭīf**) لَطيف

سـ ـا ـبـ شـ شـ ك

ـحـ ـطـ كـ ـكـ ضـ

لـ ـيّ ـلـ كـ ـبّـ ـحـ ـلـ

ب ـبـ فـ ـطـ ـر ك

ـيـ ـل ـر

ـجـ سـ ـفـ ـيـ ـا ـي ل

Welcher Buchstabe fehlt in den Lücken der folgenden Wörter? **kāf** oder **lām**? Und in welcher Form?

Die Buchstaben mīm nūn hāʾ

Bei diesen drei Buchstaben gibt es keine Probleme bei der Aussprache, aber beim **hāʾ** gibt es große Unterschiede bei den verschiedenen Buchstabenformen.

Aussprache
m wie in **M**aus
n wie in **N**ame
h wie in **H**aus

Buchstabenname		Endform	Mittelform	Anfangsform	Isolierte Form
mīm	ميم	ـم	ـمـ	مـ	م
nūn	نون	ـن	ـنـ	نـ	ن
hāʾ	هاء	ـه	ـهـ	هـ	ه

Schreiben Sie die verschiedenen Buchstabenformen mehrfach nach.

Lesen Sie die folgenden Wörter.

TR. 13

Granatäpfel	رُمّان	Mensch	إِنْسان
Arbeit, Werk	عَمَل ج أَعْمال	Mädchen, Tochter	بِنْت ج بَنات
Tag	يَوْم ج أَيّام	Angehörige	أَهْل
Mittag	ظُهْر	Leute	ناس
Ohr	أُذُن	Ingenieur	مُهَنْدِس
Gesicht	وَجْه ج وُجوه	Lehrer	مُعَلِّم
Gold	ذَهَب	sprechen	تَكَلَّمَ، يَتَكَلَّمُ
rechts	يَمين	leicht (zu tun)	سَهْل
Norden	شَمال	Gib!/Gib! (*Femininum*)	هات!/هاتي!
Süden	جَنوب	Trauben	عِنَب

Granatäpfel	rummān	Mensch	ʾinsān
Arbeit, Werk	ʿamal *Plural* ʾaʿmāl	Mädchen, Tochter	bint *Plural* banāt
Tag	yawm *Plural* ʾayyām	Angehörige	ʾahl
Mittag	ẓuhr	Leute	nās
Ohr	ʾuḏun	Ingenieur	muhandis
Gesicht	wağh *Plural* wuğūh	Lehrer	muʿallim
Gold	ḏahab	sprechen	takallama, yatakallamu
rechts	yamīn	leicht (zu tun)	sahl
Norden	šamāl	Gib!/Gib! (*Femininum*)	hāt!/hātī!
Süden	ğanūb	Trauben	ʿinab

Schreiben Sie einige Wörter nach.

إِنْسان إِنْسان إِنْسان

بِنْت بِنْت بِنْت

مُهَنْدِس مُهَنْدِس مُهَنْدِس

تَكَلَّمَ تَكَلَّمَ تَكَلَّمَ

هاتي هاتي هاتي

سَهْل سَهْل سَهْل

يَوْم يَوْم يَوْم

ظُهْر ظُهْر ظُهْر

وَجْه وَجْه وَجْه

Verbinden Sie die isolierten Buchstaben zu Wörtern. Können Sie sie auch vokalisieren?

م ع لّ م　　　ش م ا ل

ن ا س　　　و ج ه

ي م ي ن　　　و ج و ه

ظ ه ر　　　ب ن ت

ه ا ت　　　أ يّ ا م

Wählen Sie aus dem Kästchen die richtigen Buchstabenformen aus und notieren Sie die arabischen Wörter.

Arbeit (ʿ**amal**)	Mensch (ʾ**insan**)
Tag (**yawm**)	Ohr (ʾ**uḏun**) أُذُن
Gold (**ḏahab**)	Gesicht (**waǧh**)
Angehörige (ʾ**ahl**)	Gesichter (**wuǧūh**)
Lehrer (**muʿallim**)	Ingenieur (**muhandis**)

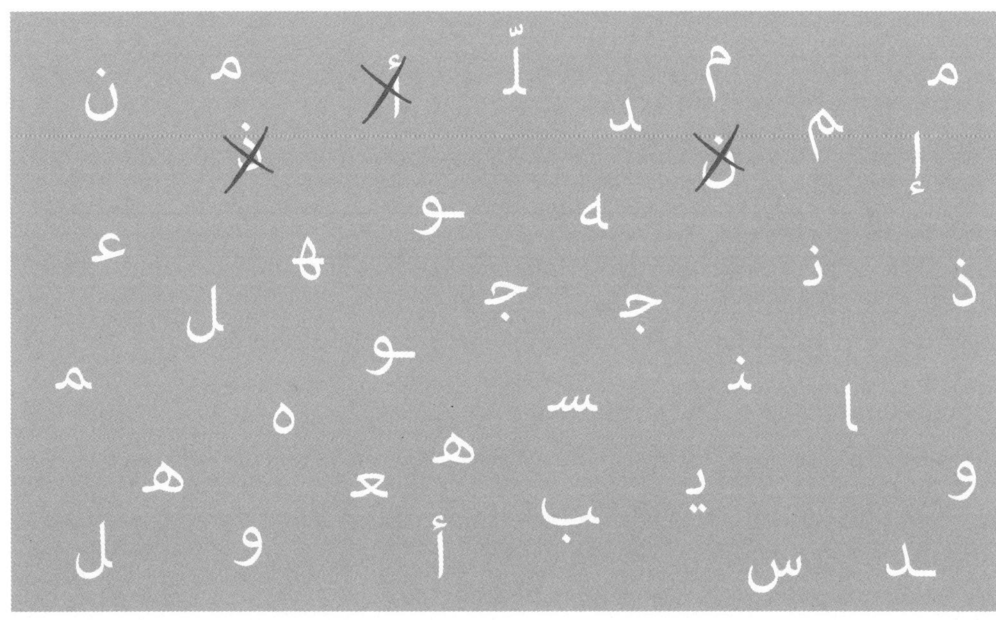

Welcher Buchstabe fehlt in den Lücken der folgenden Wörter? **mīm, nūn** oder **hā**ʾ? Und in welcher Form?

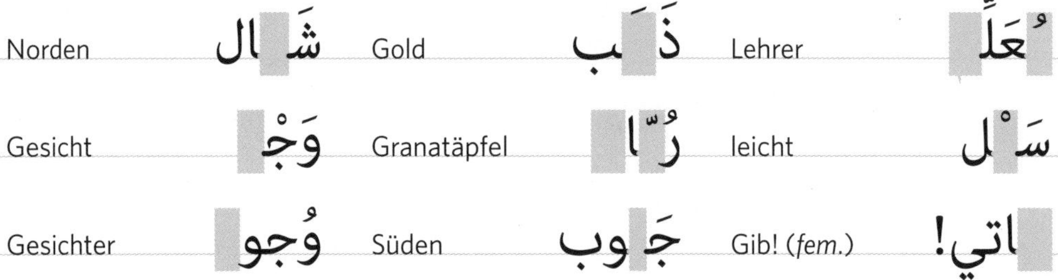

Das Hamza

أ آ ؤ ئ ء

Das Hamza als Zeichen für den Stimmeinsatz oder -absatz (▶ S. 11) steht meistens auf einem Trägerbuchstaben. Bisher haben Sie Alif als Hamzaträger kennengelernt, aber auch **wāw** und **yā**ʾʾ können Hamza tragen. Auf welchem Trägerbuchstaben es steht, hängt von den Vokalen direkt vor und nach dem Hamza ab.

Hamza auf Alif أ آ

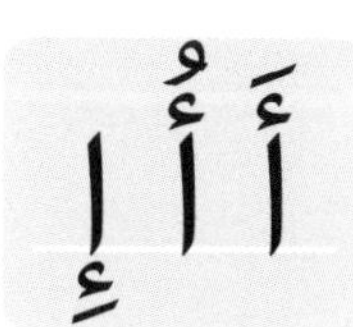

Am Anfang eines Wortes, das mit einem Vokal beginnt, steht das Hamza immer auf bzw. unter dem Alif.
Beginnt das Wort mit u oder a, steht das Hamza **auf** dem Alif, beginnt es mit i, steht es **unter** dem Alif.
In der Mitte oder am Ende eines Wortes steht das Hamza nur dann auf einem Alif, wenn weder vor noch nach ihm ein **u** oder **i** steht.

Will man einen Stimmabsatz mit folgendem langen **ā** schreiben, müsste man erst ein Hamza auf dem Alif und dann ein zweites Alif für den langen Vokal schreiben. Um das zu vermeiden, schreibt man ein Alif mit einer leicht gebogenen Linie darauf, dem **Madda**.

Hamza auf wāw ؤ

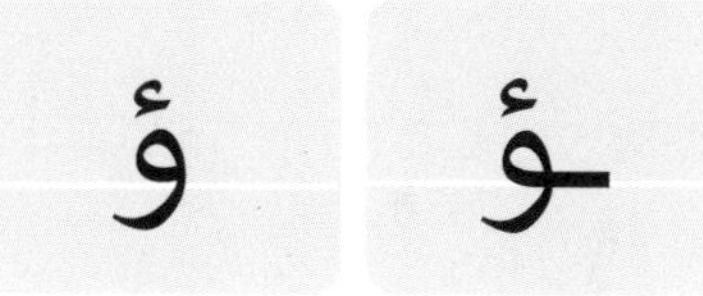

Nur in der Mitte oder am Ende eines Wortes kann ein Hamza auf einem wāw stehen. Das Hamza steht auf dem wāw, wenn vor oder nach ihm ein **u** steht, aber kein **i** ihm in einer dieser Positionen Konkurrenz macht.

Hamza auf yāʾ ئ

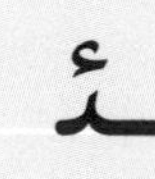

Nur in der Mitte oder am Ende eines Wortes kann ein Hamza auf einem **yā**ʾ stehen. Das Hamza steht auf dem **yā**ʾ, wenn vor oder nach ihm ein i steht. Das **i** ist also hinsichtlich des Hamzas „stärker" als **a** und **u**.

Achtung! Steht das Hamza auf dem **yā**ʾ, verliert das **yā**ʾ seine Punkte, denn als Hamzaträger kann man es nicht mit anderen Buchstaben der gleichen Grundform verwechseln.

Hamza auf der Zeile ء

Nach einem Sukūn oder einem Langvokal steht das Hamza am Ende eines Wortes allein auf der Zeile.

Lesen Sie die folgenden Wörter.

TR. 14

Kopf	رَأْس ج رُؤُوس	ich	أَنا
Präsident	رَئِيس ج رُؤَسَاء	Mutter	أُمّ
Verkäufer	بَائِع	Mensch	إِنْسان
Fahrer	سَائِق	August (nahöstl.)	آب
ruhig	هَادِئ	fragen	سَأَلَ، يَسْأَلُ
Ruhe	هُدُوء	Frage	سُؤَال
mutig	جَرِيء	verantwortlich	مَسْؤُول
wunderbar	رَائِع	lesen	قَرَأَ، يَقْرَأُ
Ding, Sache	شَيْء ج أَشْيَاء	Koran	قُرْآن
		Leser	قَارِئ

Zur Verdeutlichung der Hamza-Schreibregeln stehen in dieser Liste ausnahmsweise auch vor den Langvokalen die entsprechenden Kurzvokale, wie es auch in anderen voll vokalisierten Texten üblich ist.
Das heißt nicht, dass man hier zwei Vokale spricht. Stattdessen gibt das Vokalzeichen nur den zu sprechenden Vokal vor, während der folgende Langvokal anzeigt, dass dieser Vokal nicht kurz, sondern lang gesprochen wird.

Zum besseren Verständnis hier das Wort سُؤَال (Frage) in allen seinen Einzelelementen (von rechts nach links):

←

ل	ا	َ	ء	و	ُ	س
l	Länge	a	Hamza (Stimmeinsatz)	(nur) Hamzaträger	u	s

Kopf	ra'̓s *Plural* ru'̓ūs	ich	'anā
Präsident	ra'īs *Plural* ru'asā'	Mutter	'umm
Verkäufer	bā'iʿ	Mensch	'insān
Fahrer	sā'iq	August	'āb
ruhig	hādi'	fragen	sa'ala, yas'alu
Ruhe	hudū'	Frage	su'āl
mutig	ǧarī'	verantwortlich	mas'ūl
wunderbar	rā'iʿ	lesen	qara'a, yaqra'u
Ding, Sache	šay' *Plural* 'ašyā'	Koran	qur'ān
		Leser	qāri'

Achtung!

Man muss das Hamza im **Innern** und am **Ende des Wortes** immer schreiben.

Am **Anfang des Wortes** muss man es schreiben, wenn es einen festen Stimmeinsatz markiert, den man immer sprechen muss. Im Gegensatz dazu schreibt man kein Hamza, wenn es sich um ein Verbindungshamza handelt, das bei vorhergehendem Vokal nicht gesprochen wird (▶ S. 73 unten).

Schreiben Sie nun einige Wörter nach.

أَنا أَنا أَنا

إِنْسان إِنْسان إِنْسان

آب آب آب

سُؤَال سُؤَال سُؤَال

قُرْآن قُرْآن قُرْآن

رَئِيس رَئِيس رَئِيس

هَادِئ هَادِئ هَادِئ

شَيْء شَيْء شَيْء

Auf welchem Buchstaben muss das Hamza stehen? Und in welcher Form? Oder steht es allein? Achten Sie auf die Vokale vor und auf dem Hamza.

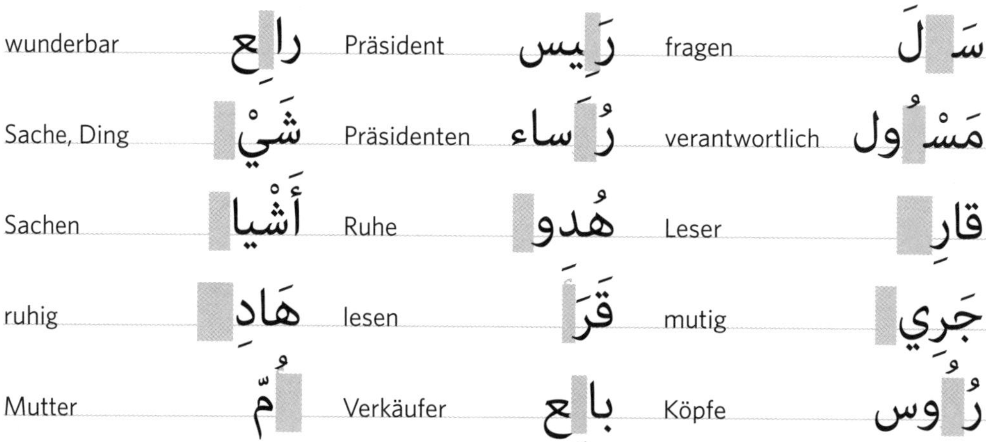

Für die Hamzaschreibung gibt es zwei Schulen in der arabischen Welt, deshalb ist sie nicht immer einheitlich. In Ägypten schreibt man nicht gerne zwei wāw hintereinander (ؤو), auch wenn das erste nur Träger des Hamza ist. Stattdessen schreibt man das Hamza auf ein yāʾ, auch wenn gar kein i im Wort vorkommt.

Vergleichen Sie unterschiedliche Schreibweisen des gleichen Wortes!

verantwortlich	masʾūl	(*Ägypten*) مَسئُول	مَسْؤُول
du liest (*Femininum*)	taqraʾīna	تَقْرَأِينَ	تَقْرَئِينَ
sie lesen	yaqraʾūna	يَقْرَأُونَ	يَقْرَؤُونَ
sie sind gekommen	ǧāʾū	جاءُوا	جاؤُوا

Hamza, Verschlusslaut, Glottisschlag, Knacklaut …

Es gibt viele Namen für den Laut, den das Hamza bezeichnet. Es handelt sich dabei um den Verschluss der Stimmritzen, wenn man zu einem Vokal ansetzt. Er kann aber auch nach einem Vokal stehen, sodass man dann nach dem Vokal kurz mit der Stimme absetzt.

In der gesprochenen Sprache wird ein Hamza im Innern oder am Ende eines Wortes häufig nicht deutlich oder gar nicht gesprochen (z.B. Kopf *korrekt*: raʾs *gesprochen*: rās).

Zusätzliche Zeichen

لا ة ى

Das lām-alif لا

Folgt auf den Buchstaben Lām der Buchstabe Alif, muss man die beiden Buchstaben in einer sogenannten Ligatur zusammenschreiben.

ل + ا = لا

Dazu schreibt man das Lām mit dem Bogen auf der Zeile und setzt anschließend das Alif hinein.

Da das Alif nicht nach links verbunden werden darf, entsteht danach eine kleine Lücke im Wort. Mit dem vorhergehenden Buchstaben kann das Lam-Alif verbunden werden.

Das Alif kann in dieser Ligatur ein Langvokal sein oder ein Hamza oder auch ein Madda tragen.

Man benötigt diese Ligatur häufig zum Schreiben des Artikels (▶ S. 77)

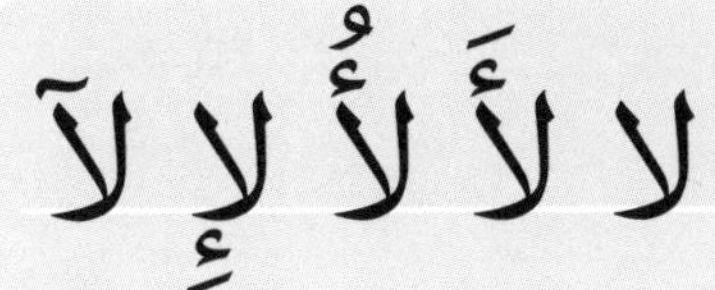

Schreiben Sie die verschiedenen Formen mehrfach nach!

Eine andere Variante des **Lām-Alif** findet man vor allem im Druck. Man startet mit der linken Linie nach unten, schreibt eine kleine Schlaufe und geht dann nach rechts nach oben. Das geht nur, wenn das **Lām-Alif** nicht mit dem vorhergehenden Buchstaben verbunden ist.

Lesen Sie die folgenden Wörter.

TR. 15

Halbmond	هِلال	nein	لا
der Islam	الإِسْلام	Friede	سَلام
halal, erlaubt	حَلال	Sprechen (*Substantiv*)	كَلام
außer	إِلّا	der Bruder	الأَخ
Land	بَلَد ج بِلاد	die Schwester	الأُخْت
notwendig	لازِم	der Mensch	الإِنْسان
jetzt	الآن	Kind, Junge	وَلَد ج أَوْلاد
Alaa (*Männername*)	عَلاء	Student	طالِب ج طُلّاب

Halbmond	hilāl	nein	lā
der Islam	al-ʾislām	Friede	salām
halal, erlaubt	ḥalāl	Sprechen	kalām
außer	ʾillā	der Bruder	al-ʾaḫ
Land	balad *Plural* bilād	die Schwester	al-ʾuḫt
notwendig	lāzim	der Mensch	al-ʾinsān
jetzt	al-ʾān	Kind, Junge	walad *Plural* ʾawlād
Ala (*Männername*)	ʿAlāʾ	Student	ṭālib *Plural* ṭullāb

Schreiben Sie einige Wörter nach.

سَلام سَلام سَلام

الأُخْت الأُخْت الأُخْت

الآن الآن الآن

Das tāʾ marbūṭa ة

Dieses Zeichen gehört nicht zum Alphabet sondern ist ein Zusatzzeichen, das markiert, dass ein Wort auf ein kurzes a endet. Meistens markiert es eine Femininendung. Dieses Zeichen kann nur am Ende eines Wortes stehen.

Stellen Sie sich den Buchstaben **tāʾ** vor und ziehen Sie die beiden Seiten hoch! Verknoten Sie sie dann und Sie erhalten ein **tāʾ marbūṭa**, ein zusammengebundenes **tāʾ**.

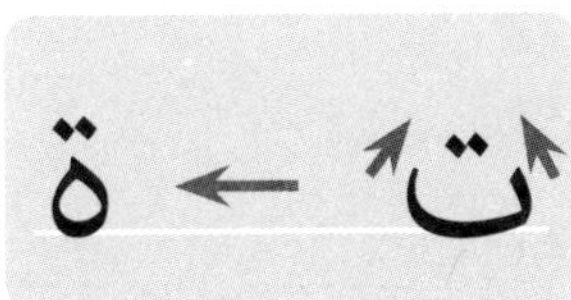

Je nachdem, ob man den vorhergehenden Buchstaben nach links verbinden kann oder nicht, steht es in verbundener oder isolierter Form. Die beiden Formen sind identisch mit denen des hāʾ, haben aber zwei Punkte.

Lesen Sie die folgenden Wörter.

TR. 16

Nacht	لَيْلَة	Großmutter	جَدَّة
Kaffee	قَهْوَة	Ehefrau	زَوْجَة
Jahr	سَنَة	Studentin	طالِبَة
Stunde	ساعَة	Dame	سَيِّدَة
arabisch, Araberin	عَرَبِيَّة	Rose	وَرْدَة
Stadt	مَدينَة	Orange	بُرْتُقالَة

Nacht	layla	Großmutter	ǧadda
Kaffee	qahwa	Ehefrau	zawǧa
Jahr	sana	Studentin	ṭāliba
Stunde	sāʿa	Dame	sayyida
arabisch, Araberin	ʿarabiyya	Rose	warda
Stadt	madīna	(eine) Orange	burtuqāla

Bilden Sie die feminine Form, indem Sie an die folgenden Wörter ein tāʾ **marbūṭa** anfügen.

Lehrerin	مُعَلِّمَة	Lehrer	مُعَلِّم
Professorin	أُسْتاذَة	Professor	أُسْتاذ
Ingenieurin		Ingenieur	مُهَنْدِس
Händlerin		Händler	تاجِر
Ehefrau		Ehemann	زَوْج
kleines Mädchen		kleines Kind	طِفْل
junge Frau, Mädchen		Junge	صَبيّ
Freundin		Freund	صَديق
groß (*Femininum*)		groß	كَبير
klein (*Femininum*)		klein	صَغير
deutsch, Deutsche		deutsch, Deutscher	أَلْمانيّ
türkisch, Türkin		türkisch, Türke	تُرْكيّ
(ein) Granatapfel		*Granatäpfel	رُمّان
(eine) Zitrone		*Zitronen	لَيْمون
(eine) Banane		*Bananen	مَوْز

* Bei vielen Obst- und Gemüsesorten bezeichnet das Wort ohne tāʾ **marbūṭa** den kollektiven Begriff (wie die deutschen Begriffe *Mehl* oder *Milch*), während die feminine Form mit tāʾ **marbūṭa** ein Einzelstück bezeichnet.

Das ʾalif maqṣūra ى

TR. 17

Dieses Zeichen gehört nicht zum Alphabet, sondern ist ein Zusatzzeichen, das markiert, dass ein Wort auf ein langes ā endet (auch wenn man das nicht immer hört).

Dieses Zeichen hat die Form des **yāʾ**, es wird jedoch ohne Punkte geschrieben.

Es kann nur am Ende eines Wortes stehen, hat also nur zwei Formen, je nachdem ob der vorhergehende Buchstabe nach links verbunden werden kann oder nicht.

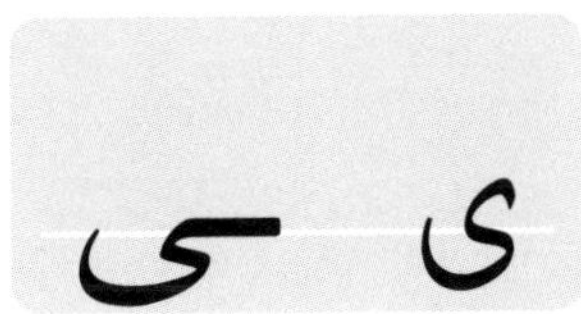

Lesen Sie die folgenden Wörter.

Layla (*Name*)	لَيْلى	wann	مَتى
Nada (*Name*)	نَدى	nach, zu	إلى
Mustafa (*Name*)	مُصْطَفى	auf	على
Musik	موسيقى	Kaffeehaus, Café	مَقْهى
Marmelade	مُرَبّى	Krankenhaus	مَشْفى

Layla (*Name*)	**Laylā**	wann	**matā**
Nada (*Name*)	**Nadā**	nach, zu	**ilā**
Mustafa (*Name*)	**Muṣṭafā**	auf	**ʿalā**
Musik	**mūsīqā**	Kaffeehaus	**maqhā**
Marmelade	**murabbā**	Krankenhaus	**mašfā**

Achtung!
Nicht immer wird das **yāʾ** am Ende des Wortes korrekt mit beiden Punkten geschrieben. Ebenso kommt es vor, dass das **ʾalif maqsūra** fälschlicherweise mit Punkten geschrieben wird.

Übung: Endungen auf a

ا اء ة ى

Es gibt also verschiedene Schreibweisen eines langen oder kurzen **a** am Ende eines Wortes.
Sortieren Sie die untenstehenden Namen (Personen-, Städte- und Ländernamen) nach der Schreibweise des a! (Lösung dieser Übung ▶ S. 90)
Endet das Wort auf اء, liegt die Betonung auf dem Ende des Wortes.

ى	ة/ـة	اء	ا
رَنى			

لَيْلى نادِيا فاطِمَة صَنْعاء روما

هولانْدا سَناء أَلْمانيا سارَة نَجْوى

لينا لَطيفَة ~~رَنى~~ حَسْناء بَهاء

أَنْقَرَة مُنى عَلاء هُدى جِدَّة

Viele Namen, die ursprünglich aus europäischen Sprachen kommen, schreiben sich am Ende mit Alif und werden auch sonst gerne mit langen Vokalen geschrieben, da man sie nicht von einem arabischen Wort ableiten kann: Vanessa فانيسا

Der Artikel

ال

Im Arabischen gibt es nur einen Artikel. Er ist bestimmt und lautet الـ al-. الـ wird für alle Wörter, unabhängig von Kasus, Numerus und Genus verwendet. Er muss mit dem folgenden Wort zusammengeschrieben werden. Je nachdem mit welchem Buchstaben das folgende Wort beginnt, wird das l des Artikels als l ausgesprochen oder an den folgenden Buchstaben angeglichen, den man dann doppelt oder länger spricht.

der Mond	al-qamar	القَمَر
die Sonne	aš-šams	الشَّمْس

Die Verdoppelung (oder Längung) bzw. die Angleichung des l an den folgenden Buchstaben kann man mit einem **Šadda** (ّ) auf diesem Buchstaben markieren, was aber nur in vollständig vokalisierten Texten geschieht.
Die Buchstaben, an die das **l** des Artikels **angeglichen** wird, nennt man **Sonnenbuchstaben**.
Die Buchstaben, an die das **l** des Artikels **nicht angeglichen** wird, nennt man **Mondbuchstaben**.

Alle Buchstaben, die ein d, t, th, s bezeichnen, dazu r, l und n, sind Sonnenbuchstaben. Sie werden alle an der Innenseite der Schneidezähne artikuliert.
Alle anderen Buchstaben sind Mondbuchstaben.

Das Verbindungshamza

Der Artikel beginnt mit einem sogenannten Verbindungshamza, das man nicht spricht, wenn das vorhergehende Wort auf einen Vokal endet und man die Wörter beim Sprechen miteinander verbindet.
Statt fi al-bayt (*im Haus*) sagt man also fi-l-bayt.
Man schreibt in diesen Fällen kein Hamza auf das Alif. In vollständig vokalisierten Texten markiert man diese Bindung mit einem kleinen ṣād (ص) auf dem Alif.

Übung: Sonnen- und Mondbuchstaben

Schreiben Sie die untenstehenden Wörter mit Artikel in die entsprechende Spalte für Sonnen- und Mondbuchstaben. Setzen Sie bei den Sonnenbuchstaben das Verdoppelungszeichen.

	القَهْوَة		الصّاحِبَة

صَغير klein	عَرَبيّ arabisch/Araber	صاحِبَة (durchgestrichen) Freundin	لَيْل Nacht	بَلَد Land
زَوْجَة Ehefrau	قَهْوَة (durchgestrichen) Kaffee	خَبَر Nachricht	جَدّ Großvater	دار Haus
شابَّة junge Frau	ظُهْر Mittag	أَرْض Erde, Boden	سَلام Frieden	وَلَد Kind, Junge
طالِب Student	حَبيب Liebling	زَميل Kollege	مَدينَة Stadt	ناس Leute

البِلاد العَرَبيَّة

Die arabischen Länder

Hier finden Sie die Namen der Mitgliedstaaten der arabischen Liga. Sie sind alphabetisch geordnet ohne Berücksichtigung des Artikels. Lesen Sie sie und tragen Sie sie in die Karte ein. Die Inselgruppe der Komoren liegt allerdings außerhalb der Karte weiter südlich.

TR. 18

الأُرْدُنّ	جيبوتي	عُمان	ليبيا
الإِمارات	السَّعوديَّة	فِلَسْطين	مِصْر
البَحْرَيْن	السّودان	قَطَر	المَغْرِب
تونِس	سورِيا	الكُوَيْت	موريتانِيا
الجَزائِر	الصّومال	لُبْنان	اليَمَن
جُزُر القُمُر	العِراق		

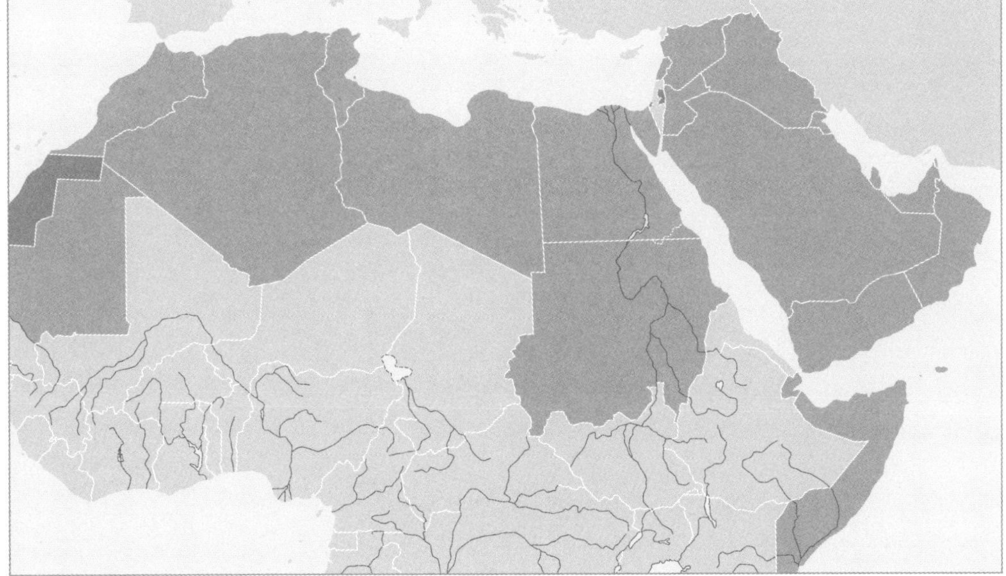

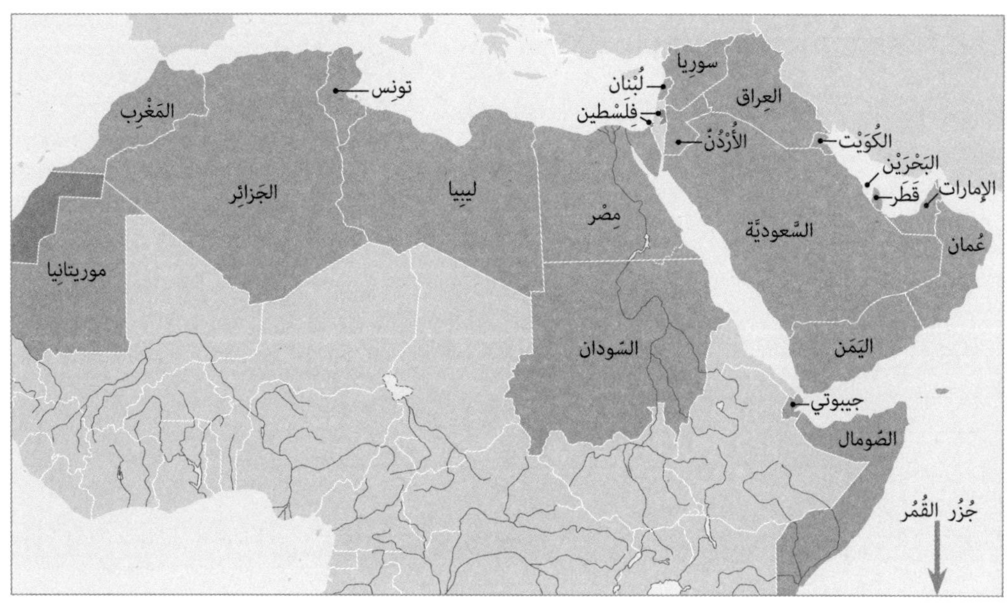

Irak	al-ʿIrāq	Jordanien	al-ʾUrdunn
Oman	ʿUmān	die Emirate	al-ʾImārāt
Palästina	Filasṭīn	Bahrain	al-Baḥrayn
Qatar	Qaṭar	Tunesien	Tūnis
Kuwait	al-Kuwayt	Algerien	al-Ğazāʾir
Libanon	Lubnān	die Komoren (Inselgruppe)	Ğuzur al-Qumur
Libyen	Lībiyā	Djibouti	Ğībūti
Ägypten	Miṣr	Saudi-Arabien	as-Saʿūdiyya
Marokko	al-Maġrib	Sudan	as-Sūdān
Mauretanien	Mūrītāniya	Syrien	Sūriyā
Jemen	al-Yaman	Somalia	aṣ-Ṣūmāl

Ligaturen und Handschrift

الخُطوط العَرَبيّة

Schreibt man mit der Hand, schreibt man zuerst den Schriftzug und setzt anschließend zugehörige Punkte und Striche. Zuletzt setzt man Vokalzeichen, die jedoch im Alltag so gut wie nie geschrieben werden.

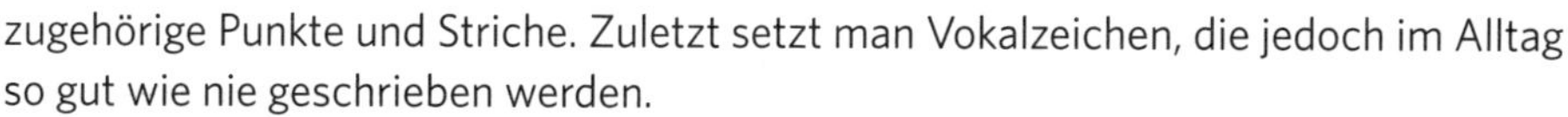

Dadurch dass man nur die Konsonanten und Langvokale notiert, kann man die arabische Schrift viel schneller schreiben als Lateinschrift, wenn man erst einmal eine gewisse Übung hat. Viele Schreibende verbinden beim Schnellschreiben zwei Punkte zu einer kleinen Linie oder drei Punkte zu einem kleinen Haken (▶ s.u. linke Spalte).

Sie kennen bereits das lām-alif لا als Ligatur (▶ S. 67). Man verwendet in der Handschrift je nach Schrifttyp weitere Ligaturen. Dabei schreibt man Buchstaben über- oder ineinander, um ein Wort möglichst in einem Zug schreiben zu können.
In diesem Buch verwenden wir eine Schriftart, die nur wenige Ligaturen enthält. Doch in vielen anderen arabischen Schriftarten und Schmuckschriften, die z.T. auch in arabischen Schulen gelehrt werden, findet man solche Ligaturen.

Sehen Sie im Folgenden einige Beispiele typischer Ligaturen.

	Moderne Schmuckschrift	Klassische Schmuckschrift	Font mit Ligaturen	Font (fast) ohne Ligatur
Meer	بَحْر	بَحر	بَحر	بَحْر
Laden	مَحَلّ	مَحَلّ	مَحَلّ	مَحَلّ
der Zustand	الحال	الحال	الحال	الحال
sie mag	تُحِبّ	تُحِبّ	تُحِبّ	تُحِبّ
Deutschland	أَلْمانِيا	أَلمانِيا	أَلمانِيا	أَلْمانِيا/أَلمانيا
Bäume	شَجَر	شَجَر	شَجَر	شَجَر

Im Folgenden sehen Sie Beispiele unterschiedlicher Handschriften, die arabische MuttersprachlerInnen aus verschiedenen Regionen der arabischen Welt geschrieben haben. Können Sie die handschriftlichen Versionen der folgenden Länder- und Städtenamen der Druckschrift zuordnen?

آ) المغرب	١) بَيْروت
ب) مراكش	٢) المَغْرِب
ج) البحرين	٣) الخَرْطوم
د) المنامة	٤) الجَزائِر
ه) العراق	٥) دِمَشْق
و) بغداد	٦) البَحْرَيْن
ز) الجزائر	٧) مَراكُش
ح) السودان	٨) السّودان
ط) الخرطوم	٩) المَنامَة
ك) بيروت	١٠) العِراق
ل) دمشق	١١) بَغْداد

آ ٢	ب ٧	ج ٦	د ٩	ه ١٠	و ١١
ز ٤	ح ٨	ط ٣	ك ١	ل ٥	

Arabisch schreiben - digital

So wie man im Deutschen beim Tippen auswählen muss, ob man den Groß- oder Kleinbuchstaben schreiben will, indem man die Hochstelltaste betätigt oder nicht, musste man früher auf arabischen Schreibmaschinen die jeweils passende Form eines Buchstabens auswählen. Seit Beginn des Computerzeitalters erledigt das jeweilige Schreibprogramm die Auswahl der passenden Buchstabenform, abhängig davon, welches Zeichen man vorher oder nachher getippt hat.
Heute bieten alle gängigen Betriebssysteme die Möglichkeit, die arabischen Sprachoptionen zu installieren und in diversen Programmen zu verwenden. Die Einrichtung erfolgt je nach Betriebssystem über Länder- oder Regionaleinstellungen und Hinzufügung eines arabischen Tastaturlayouts.
Ist die Einrichtung erfolgt, sieht man in vielen Programmen in der Befehlsleiste oben zwei Icons, eines für den Rechts-Links-Modus und eines für den Links-Rechts-Modus. Beachten Sie, dass dieser Modus nicht identisch ist mit rechts- oder linksbündigem Schreiben.

Wenn Sie nun lostippen wollen und noch nicht wissen, wo sich auf der Tastatur die jeweiligen arabischen Buchstaben befinden, können Sie eine Bildschirmtastatur einblenden oder eine externe arabisch-englische oder arabisch-deutsche Tastatur anschließen (Aufkleber mit den arabischen Buchstaben halten erfahrungsgemäß nicht lang).

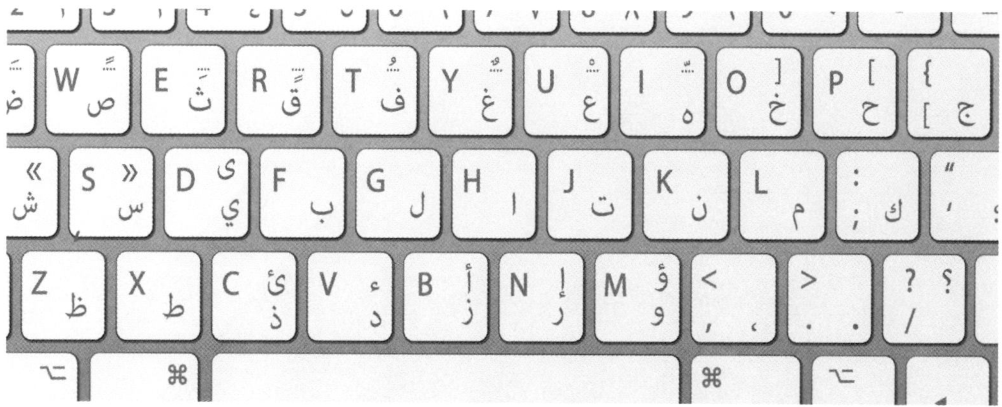

Die arabische Tastatur ist - wie auch die europäischen Tastaturlayouts - nach Häufigkeit der Buchstaben aufgebaut, in der Mitte liegen mit Lām und Alif die beiden häufigsten Buchstaben. Vokalzeichen können mit Hochstelltaste eingefügt werden. Auf Smartphones und Tablets sieht das Tastaturlayout je nach Modell etwas anders aus, die Vokalzeichen fügt man über eine einzige Taste ein.

Am Computer Arabisch zu tippen ist eine gute Übung. Man kann ein Wort in verschiedenen Schriftarten darstellen und dadurch verschiedene Schreibarten eines Buchstabens vergleichen, sehen, wie Ligaturen entstehen, oder umgekehrt Ligaturen auflösen, indem man das Wort in eine andere Schrift setzt oder Längenstriche zwischen die Buchstaben einfügt (shift+j).

Arabisch zu schreiben ist zwar technisch kein großes Problem mehr, doch z.B. bei E-Mail-Adressen oder bei Namen von Websites muss man Arabisch mit lateinischen Buchstaben schreiben.
Auch in Mails oder Kurznachrichten über Messenger-Dienste bedienen sich viele, vor allem jüngere Menschen, der lateinischen Schrift, in der sie dann ihre Nachrichten auf Arabisch vielleicht gemischt mit englischen, französischen oder deutschen Wörtern schreiben. Für spezielle arabische Buchstaben, für die es im lateinischen Alphabet kein Zeichen gibt, verwendet man zusätzlich Ziffern, wie die 3 für das ع, die 5 für das خ oder die 2 für das Hamza. Man nennt diese Mischung Arabizy.
Ebenso findet man aber auch auf Arabisch verfasste Nachrichten, in der auch die nicht arabischen Wörter auf Arabisch geschrieben werden.
Sehen Sie hier die gleiche (umgangssprachliche) Nachricht unvokalisiert, in Arabizy und in deutscher Übersetzung:

TR. 19

كل عام وانت بخير!!!
شو رأيك نلتقي بكرة قريب من البانهوف ونزور علي؟

kul 3am wanta b5er!!!
shu ra2yak nalta6i bokra 6arib min al bahnhof w nzur Ali?

Alles Gute zum Fest!!!
Was hältst du davon, dass wir uns morgen in der Nähe des Bahnhofs treffen und Ali besuchen?

Zum Vergleich und zum einfacheren Lesen hier noch einmal eine vokalisierte Version der Nachricht:

كُلّ عام وَأنْتَ بِخَيْر
شو رَأْيَك نَلْتَقي بُكْرَة قَريب مِن البانهوف ونَزور عَلي

Glückwünsche

Hier sehen Sie Glück- und Segenswünsche, die Sie kennen sollten. Schreiben Sie sie nach.

TR. 20

كُلّ عام وَأَنْتُم بِخَيْر

„Jedes Jahr und ihr im Guten"

Diesen Wunsch können Sie bei all den Gelegenheiten benutzen, die jährlich wiederkehren wie Geburtstag, Weihnachten, Ostern, das Fest zum Ende des Ramadan oder das Opferfest. Man wünscht den anderen, dass es ihnen bei jeder Wiederkehr dieses Festes gut gehen möge.
Schreiben Sie die folgenden Zeilen nach. Die erste Zeile richtet sich an einen Mann, die zweite an eine Frau und die dritte an mehrere Personen.

كُلّ عام وَأَنْتَ بِخَيْر

كُلّ عام وَأَنْتِ بِخَيْر

كُلّ عام وَأَنْتُم بِخَيْر

رَمَضان كَريم

„Guten Ramadan"

Mit diesem Wunsch wünschen Sie einen gesegneten Fastenmonat.
Schreiben Sie nach.

Nicht-arabische Namen in arabischer Schrift

Einreiseformulare z.B. am Flughafen sind meist zweisprachig. Tragen Sie in das Formular die entsprechenden Informationen in arabischer Schrift ein.

Name		الاسم
Family Name		اسم العائلة
Father's Name		اسم الأب
Mother's Name		اسم الأم
Place of Birth		مكان الولادة
Date of Birth		تاريخ الولادة
Coming from		قادما من
Date	٢٠٢٠/٣/٢٢	التاريخ
Signature		التوقيع

Beim Schreiben nicht-arabischer Namen in arabischer Schrift verwendet man mehr Langvokale als für ein arabisches Wort, dessen Vokalisierung der arabischen Wortbildung folgt.

Für einige Laute gibt es im Arabischen keine Buchstaben, dann muss man Alternativen verwenden. Für g verwendet man je nach Land ein غ oder ein ج, für p ein ب.

Da die arabische Schrift nur drei Langvokale kennt, verwendet man den Vokal, der in der Aussprache dem Original am nächsten kommt.
Oft sind diese Wörter nicht so einfach zu erkennen, dann hilft es, sie laut auszusprechen.

Erkennen Sie die folgenden Städte?

هونغ كونغ   شتوتغارت   لندن   باريس   بيكن   أثينا   موسكو   براغ   زوريخ

Hong Kong   Stuttgart   London   Paris   Peking   Athen   Moskau   Prag   Zürich

Ziffern und Zahlen

الأَعْداد

In der arabischen Welt verwendet man im Westen die sogenannten arabischen Ziffern (linke Spalte) und im Osten die sogenannten indischen Ziffern (rechte Spalte).

Die Zahlwörter haben eine maskuline und eine feminine Form. Die feminine Form ist beim Zählen die gebräuchlichere (außer bei 1 und 2).

Notieren Sie die jeweils fehlenden Formen der Zahlen.

TR. 21

	Feminine Form	Maskuline Form	
0	keine feminine Form	صِفْر	٠
1		واحِد	١
2	إِثْنَتان	إِثْنان	٢
3	ثَلاثَة		٣
4	أَرْبَعَة		٤
5	خَمْسَة		٥
6	سِتَّة	سِتّ	٦
7	سَبْعَة		٧
8	ثَمانِيَة		٨
9	تِسْعَة		٩
10	عَشَرَة		١٠

0	ṣifr		
1	wāḥid/wāḥida	6	sitt/sitta
2	ʾiṯnān/ʾiṯnatān	7	sabʿ/sabʿa
3	ṯalāṯ/ṯalāṯa	8	ṯamāni/ṯamāniya
4	ʾarbaʿ/ʾarbaʿa	9	tisʿ/tisʿa
5	ḫams/ḫamsa	10	ʿašr/ʿašara

Obwohl die arabische Schrift von rechts nach links geschrieben wird, schreibt bzw. liest man man die Zahlen von links nach rechts.

123456789 ١٢٣٤٥٦٧٨٩

Notieren Sie die folgenden Zahlen in indischen Ziffern. (▶ Lösung S. 86)

105	78	123	١٥ 15
486	732	5639	89

Notieren Sie die folgenden Daten auf Arabisch. (▶ Lösung S. 86)

26.09.1954	١٩٤٠/٣/٢٢ 22.03.1940
01.07.2019	14.07.1789
15.12.1848	29.11.1985
16.08.1976	05.06.1967
29.02.2020	03.10.1989

Man schreibt auf Arabisch keine Punkte zwischen Tag, Monat und Jahreszahl, sondern einen Quer- oder Schrägstrich. Oft schreibt man auch statt der Zahl den Namen des Monats. Eine Einfügung von Nullen bei Tag oder Monat ist unüblich.

Die Kasusendungen

الإِعْراب والتَّنْوين

Das Arabische kennt drei Kasus: den Nominativ, den Genitiv und den Akkusativ. In den meisten Fällen zeigt sich der Kasus nur in voll vokalisierten Texten als kurzvokalige Endung am Substantiv. Diese Endungen zeigen neben dem Kasus auch an, ob ein Wort bestimmt oder unbestimmt ist. Die Kasusendungen werden in der Regel nicht gesprochen.

TR. 22

Nominativ (bestimmt)		**Genitiv** (bestimmt)		**Akkusativ** (bestimmt)	
der Freund	الصَّديقُ	des Freundes	الصَّديقِ	den Freund	الصَّديقَ
aṣ-ṣadīq-u		aṣ-ṣadīq-i		aṣ-ṣadīq-a	

Die unbestimmten Kasusendungen schreibt man mit zwei Vokalzeichen, was bedeutet, dass man nach dem eigentlichen Kasusvokal ein n spricht. Diese Hinzufügung eines n nennt man auf Arabisch tanwīn („nun-Setzung") oder mit dem wissenschaftlichen Ausdruck Nunation.

TR. 23

Nominativ (unbestimmt)		**Genitiv** (unbestimmt)		**Akkusativ** (unbestimmt)	
ein Freund	صَديقٌ	eines Freundes	صَديقٍ	einen Freund	صَديقًا
ṣadīq-un		ṣadīq-in		ṣadīq-an	

Die Endung für den unbestimmten Akkusativ schreibt man bei den meisten Wörtern im Singular, die nicht auf tāʾ marbūṭa (ة) enden, und bei vielen unregelmäßigen Pluralformen auf ein Alif. Dieses Alif wird auch in ansonsten unvokalisierten Texten geschrieben. Man findet die Akkusativendung auch an Adverbien und einigen Redewendungen.

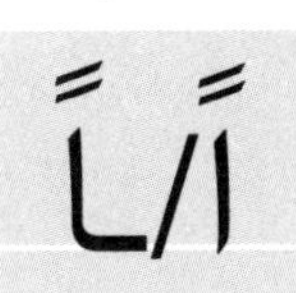

Bei den folgenden Ausdrücken muss man die Endung immer mitsprechen.

TR. 24

immer (dāʾiman)	دائِماً	Danke! (šukran)	شُكْراً
manchmal (ʾaḥyānan)	أَحْياناً	Bitte! (ʿafwan)	عَفْواً
sehr (ğiddan)	جِدّاً	Herzlich willkommen! (ʾahlan wa-sahlan)	أَهْلاً وَسَهْلاً

Lösung zu Schreibübung S. 72

ى		ـة/ة		اء		ا	
Layla	لَيْلى	Fatima	فاطِمَة	Sanʾaʾ	صَنْعاء	Nadya	ناديا
Nadjwa	نَجْوى	Sara	سارَة	Sanaʾ	سَناء	Rom	روما
Rana	رَنى	Latifa	لَطيفَة	Hasnaʾ	حَسْناء	Holland	هولانْدا
Muna	مُنى	Ankara	أَنْقَرَة	Bahaʾ	بَهاء	Deutschland	أَلْمانِيا
Huda	هُدى	Djidda	جِدَّة	Alaʾ	عَلاء	Lina	لينا

Bei den Namen Baha' und Ala' handelt es sich um Männernamen, bei den übrigen Personennamen handelt es sich um Frauennamen.
Vergleichen Sie die Schreibweisen der jemenitischen Hauptstadt San'a' und des Namens Sana', sie sind ganz unterschiedlich auszusprechen und zu schreiben.
Bei Djidda, auch Jeddah geschrieben, handelt es sich um die Hafenstadt in Saudi-Arabien.

Lösung zu S. 84

١٠٥	105	٧٨	78	١٢٣	123	١٥	15
٤٨٦	486	٧٣٢	732	٥٦٣٩	5639	٨٩	89

Lösung zu S. 84

١٩٥٤/٩/٢٦	26.09.1954	١٩٤٠/٣/٢٢	22.03.1940
٢٠١٩/٧/١	01.07.2019	١٧٨٩/٧/١٤	14.07.1789
١٨٤٨/١٢/١٥	15.12.1848	١٩٨٥/١١/٢٩	29.11.1985
١٩٧٦/٨/١٦	16.08.1976	١٩٦٧/٦/٥	05.06.1967
٢٠٢٠/٢/٢٩	29.02.2020	١٩٨٩/١٠/٣	03.10.1989

أ ا ـا

أَخ ج إِخْوَة
حاجّ
بابا

ب ﺑ ﺒ ﺐ

بَحَثَ
طَبيب
شابّ

ت ﺗ ﺘ ﺖ

توت
يَتَكَلَّمُ
بَيْت ج بُيوت

ث ﺛ ﺜ ﺚ

ثَابِت
أَثَاث
بَحْث

ج ﺟ ﺠ ﺞ

جار ج جيران
شَجَر
حَجّ

ح ﺣ ﺤ ﺢ

حَبيب
بَحْر
مِفْتاح

خ ﺧ ﺨ ﺦ

خَدّ ج خُدود
رَخيص
تاريخ

د ﺪ

دَرَسَ ، يَدْرُسُ
جَديد
وُجود

أ

Bruder *Pl.* Brüder
Pilger
Papa

ʾaḫ *Pl.* ʾiḫwa
ḥāǧǧ
bābā

ب

suchen
Arzt
junger Mann

baḥaṯa
ṭabīb
šābb

ت

Maulbeeren (*Kollektiv*)
er spricht
Haus *Pl.* Häuser

tūt
yatakallamu
bayt *Pl.* buyūt

ث

fest, stabil
Möbel
Suche, Forschung

ṯābit
ʾaṯāṯ
baḥṯ

ج

Nachbar *Pl.* Nachbarn
Bäume (*Kollektiv*)
Pilgerfahrt

ǧār *Pl.* ǧīrān
šaǧar
ḥaǧǧ

ح

Liebling
Meer
Schlüssel

baḥr
ḥabīb
miftāḥ

خ

Wange *Pl.* Wangen
billig
Geschichte, Datum

ḫadd *Pl.* ḫudūd
raḫīṣ
tārīḫ

د

studieren
neu
Existenz

darasa, yadrusu
ǧadīd
wuǧūd

ذ ـذ

إذا

لَذيذ

أَخَذَ ، يأْخُذُ

ر ـر

رُزّ

بارِد

تاجِر

ز ـز

زارَ ، يَزورُ

جَزَر

خُبْز

س ـسـ ـسـ ـس

سَيِّد

يَسار

دَرْس ج دُروس

ش ـشـ ـشـ ـش

شاي

شَرِبَ، يَشْرَبُ

مِشْمِش

ص ـصـ ـصـ ـص

صَباح

شَخْصيّ

شَخْص ج أَشْخاص

ض ـضـ ـضـ ـض

ضَيْف ج ضُيوف

رِياضيّ

أَبْيَض

ط ـطـ ـطـ ـط

طَقْس

بَطاطا

وَسَط

ذ	ر
wenn, falls lecker, köstlich nehmen	Reis kalt Händler
ʾiḏā laḏīḏ ʾaḫaḏa, yaʾḫuḏu	ruzz bārid tāǧir

ز	س
besuchen Möhren (*Kollektiv*) Brot	Herr links Lektion *Pl.* Lektionen
zāra, yazūru ǧazar ḫubz	sayyid yasār dars *Pl.* durūs

ش	ص
Tee trinken Aprikosen (*Kollektiv*)	Morgen persönlich Person
šāy šariba, yašrabu mišmiš	ṣabāḥ šaḫṣiy šaḫṣ *Pl.* ʾašḫāṣ

ض	ط
Gast sportlich weiß	Wetter Kartoffeln (*Kollektiv*) Mitte
ḍayf *Pl.* ḍuyūf riyāḍiy ʾabyaḍ	ṭaqs baṭāṭā wasaṭ

ظ ظ ظ ظ

ظُهْر

حَظْر

حَظّ

ع ع ع ع

عَرَبيّ

صَعْب

رَبيع

غ غ غ غ

غَرْب

المَغْرِب

صَغير

ف ف ف ف

فلْفل

تُفّاح

لَطيف

ق ق ق ق

قانون

طَقْس

شَرْق

ك ك ك ك

كُرسي

شُكْر

شُبّاك

ل ل ل ل

لَيْل

مُعَلِّم

أَهْل

م م م م

مُهَنْدِس

عَمَل

يَوْم ج أَيّام

ظ

Mittag
Verbot
Glück

ẓuhr
ḥaẓr
ḥaẓẓ

ع

arabisch, Araber
schwierig
Frühling

ʿarabiy
ṣaʿb
rabīʿ

غ

Westen
Maghreb, Marokko
klein

ġarb
al-maġrib
ṣaġīr

ف

Pfeffer, Paprika(schoten) (*Kollektiv*)
Apfel (*Kollektiv*)
nett, freundlich

filfil
tuffāḥ
laṭīf

ق

Gesetz (Kanon)
Wetter
Osten

qānūn
ṭaqs
šarq

ك

Stuhl
Zucker
Fenster

kursiy
sukkar
šubbāk

ل

Nacht
Lehrer
Angehörige

layl
muʿallim
ʾahl

م

Ingenieur
Arbeit, Werk
Tag *Pl.* Tage

muhandis
ʿamal
yawm *Pl.* ʾayyām

ن نـ ـنـ ـن

ناس

عِنَب

رُمّان

ه هـ ـهـ ـه

هُنا

سَهْل

وَجْه ج وُجوه

و ـو

وَلَد ج أَوْلاد

نور

جَوّ

ي يـ ـيـ ـي

إيجار

يَمين

عَرَبيّ ج عَرَب

لا ـلا

لا الأُخْت

سَلام

عَلاء

ى ـى

مَشْفى

موسيقى

مَقْهى

ء أ ؤ ئ

أَنْف، أُذُن، إِصْبَع

رَأْس، رَئيس ج رُؤَساء

شَيْء ج أَشْياء

ة ـة

سَيِّدَة

طالِبَة

سَيِّد ج سادَة

ن

Leute
Weintrauben (*Kollektiv*)
Granatäpfel (*Kollektiv*)

nās
ʿinab
rummān

ه

hier
leicht
Gesicht *Pl.* Gesichter

hunā
sahl
waǧh *Pl.* wuǧūh

و

Kind, Junge
Licht
Atmosphäre, Wetter

walad *Pl.* ʾawlād
nūr
ǧaww

ي

Miete
rechts
arabisch, Araber *Pl.* Araber

yamīn
ʾīǧār
ʿarabiy *Pl.* ʿarab

لا

nein — die Schwester
Friede
Alaa (*Männername*)

lā — al-ʾuḫt
salām
ʿAlāʾ

ى

Krankenhaus
Musik
Café

mašfā
mūsīqā
maqhā

ء

Nase, Ohr, Finger
Kopf, Präsident
Ding, Sache

ʾanf, ʾuḏun, ʾiṣbaʿ
raʾs, raʾīs *Pl.* ruʾasāʾ
šayʾ *Pl.* ʾašyāʾ

ة

Frau, Dame
Studentin
Herr *Pl.* Herren

sayyida
ṭāliba
sayyid *Pl.* sāda

Bildnachweis

Umschlagvorderseite Shutterstock (Calin Stan), New York; **75, 76** Shutterstock (Rainer Lesniewski), New York; **79** Shutterstock (GreenLandStudio), New York; **81.1** Shutterstock (Anna Poguliaeva), New York; **81.2** Shutterstock (Rami Hoballah), New York; **81.3** Shutterstock (Graphic Box), New York

PONS
Schreiben üben!
ARABISCH

Das arabische Alphabet Schritt für Schritt
lernen und trainieren

Mit Audio-Download

von
Michaela Kleinhaus

Der digitale Zugang zu den online angebotenen Zusatzmaterialien ist für mindestens zwei Jahre nach Erscheinen der aktuellen Auflage gewährleistet.

6. Auflage 2025

Redaktion: Corinna Löckle-Götz
Korrektorat: Dr. Kerstin Wilsch
Logoentwurf: Erwin Poell, Heidelberg
Logoüberarbeitung: Sabine Redlin, Ludwigsburg
Layout und Satz: Michaela Kleinhaus
Druck und Bindung: Multiprint Ltd., Kostinbrod

ISBN: 978-3-12-562148-0